El Nombre

SALMO DEL ASTRÓNOMO

Salmo 8

C. H. Spurgeon

Editor Eliseo Vila

COLECCIÓN SALMOS

El Tesoro de David

EDITORIAL CLIE
C/ Ferrocarril, 8
08232 VILADECAVALLS
(Barcelona) ESPAÑA
E-mail: clie@clie.es
http://www.clie.es

COLECCIÓN SALMOS

EL NOMBRE
ISBN: 978-84-16845-67-5
Depósito legal: B 17849-2017
VIDA CRISTIANA
Crecimiento espiritual
Referencia: 225041

SALMO 8

Reina Valera Revisada (RVR)

La gloria de Dios creador.
Al músico principal; sobre Gitit. Salmo de David.

[8]¡Oh Jehová, Señor nuestro,
Cuán glorioso es tu nombre en toda la tierra!
Has puesto tu gloria sobre los cielos;

[2]Por boca de los niños y de los que maman, afirmas tu
fortaleza frente a tus adversarios,
Para hacer callar al enemigo y al rebelde.

[3]Cuando veo tus cielos, obra de tus dedos,
La luna y las estrellas que tú formaste,

[4]Digo: ¿Qué es el hombre, para que de él te acuerdes,
Y el hijo del hombre, para que cuides de él?

[5]Le has hecho un poco inferior a los ángeles,
Y lo coronaste de gloria y de honra.

[6]Le hiciste señorear sobre las obras de tus manos;
Todo lo pusiste bajo sus pies:

[7]Ovejas y bueyes, todo ello,
Y aun las bestias salvajes,

[8]Las aves de los cielos y los peces del mar;
Todo cuanto surca las sendas de las aguas.

[9]¡Oh Jehová, Señor nuestro,
Cuán grande es tu nombre en toda la tierra!

1

Título: «Al músico principal sobre *Gitit*[1]. *Salmo de David»*. Desconocemos el significado exacto de la palabra *"Gitit"*. Algunos piensan que se refiere al territorio de *Gat,* y que por tanto puede indicar alguna melodía o tonada que se cantaba allí: un instrumento musical inventado por sus habitantes; o un cántico de Obed-Edom, el geteo[2], en cuya casa estuvo alojada el Arca[3]; o mejor aún, un cántico que se cantaba sobre la gesta relativa a *Goliat de Gat*[4]. Investigando las raíces del hebreo, otros piensan que se refiere a un cántico para las prensas de vino, es decir, un himno gozoso dedicado a los comerciantes de uvas[5]. El

---

[1] En hebreo לַמְנַצֵּחַ עַל־הַגִּתִּית *lamnaṣṣêaḥ ʿal-haggittît.*

[2] *Geteo*, por lo tanto, natural de la región filistea de *Gat* o *Gad.*

[3] 2ª Samuel 6:10-11.

[4] 1ª Samuel 17:4-58. Ahondando en esta idea hay también quienes, basándose en el hecho de que muchos de los componentes de la guardia personal de David eran de Gat (2ª Samuel 15:18), piensan que podría tratarse de alguna melodía o marcha militar utilizada por la guardia personal de David.

[5] Tanto la versión griega de los LXX como la *Vulgata,* que traduce *"in finem pro torcularibus"*, se inclinan directamente por esta idea, lo cual dio pie a los Padres de la Iglesia para dejar volar libremente la imaginación en sus alegorías respecto al título de este salmo. AGUSTÍN DE HIPONA [353-429] es el que más se extiende en este

término *Gitit* se aplica a otros dos salmos más: *Salmo 81* y *Salmo 84;* y como ambos son salmos de gozo, cabe deducir que cuando la palabra *Gitit* se incluye en el título estamos ante un himno de alegría y deleite.

A lo que a nosotros corresponde, pienso que podemos titular este salmo como «EL SALMO DEL ASTRÓNOMO». Zarpemos, pues, cruzando los mares y entonémoslo mientras contemplamos extasiados los cielos estrellados en la magnificencia crepuscular del atardecer, pues es más que probable que estas fueran las circunstancias en

---

tema de los *lagares* o *prensas de vino,* y aunque admite lo extraño y sintomático de que el texto del salmo no haga ninguna referencia a estas *prensas de vino,* se basa en los numerosos pasajes de la Escritura que hacen referencia a ellas, especialmente en los libros proféticos (Isaías 5:2; 16:10; 63:2-3; Jeremías 25:30; 48:33; Joel 2:24; 3:13). Partiendo de la analogía entre el trigo y la cizaña, la era y la Iglesia, ve en esos *lagares* a las iglesias, pues: «tanto en la era como en el lagar se lleva a cabo la separación y eliminación de la envoltura o cáscara de los frutos [...] tanto en el caso del trigo como de la uva. En la era el grano es desbrozado de su envoltura, la paja; y en el lagar, el vino queda liberado de la cáscara y otros residuos. Lo mismo sucede en las iglesias, mediante la labor de los ministros de Dios y la acción del amor, se va llevando a cabo una separación entre los espirituales y la masa de los mundanos [...] el trigo es llevado al granero y la paja, quemada; el vino, almacenado en la bodega y los residuos, hollados y echados al ganado»; y aunque admite también otras interpretaciones: «la uva puede interpretarse como la Palabra de Dios [...] que penetra en los oídos que son la prensa del lagar que hace la diferenciación»; o la posibilidad de comparar esas *prensas de vino* al martirio, donde las almas de los que fueron fieles y confesaron a Cristo «tras ser pisoteadas por la angustia de la persecución dejan sus envolturas mortales aquí en la tierra para volar hacia el reposo de las moradas del cielo», su criterio preferente es el de las iglesias. DÍDIMO EL CIEGO [313-398] expone una opinión similar.

las que sus estrofas acudieron a la mente del autor. El Dr. Chalmers[6] comenta al respecto: «*No hay mejor escenario para la meditación y para motivar el alma al recogimiento piadoso, que la bóveda celeste de una noche estrellada*». La luna y las estrellas, ¿qué son en realidad? No forman parte de nuestro mundo y, sin embargo, nos elevan por encima de él. Cuando las contemplamos es como si nos sintiéramos despegar de esta tierra y, en sublime abstracción, nos eleváramos unos instantes por encima de ese teatro de pasiones y ansiedades humanas en el que transcurre nuestra existencia. Contemplando un cielo estrellado la mente se abandona a sí misma entregándose a un mágico ensimismamiento, y se ve transportada, en el éxtasis de sus pensamientos, a regiones distantes y remotas jamás exploradas. Contempla la naturaleza en toda la simplicidad y a la vez grandeza de sus elementos, y con ello al Dios de la naturaleza investido con sus más altos atributos de sabiduría y majestad.

C. H. SPURGEON

Gitit. Probablemente era un instrumento musical que se utilizaba en las alegres fiestas de las vendimias. La vendimia era la fiesta que cerraba el año civil judío, y en un sublime paralelismo, este salmo nos lleva también a los tiempos finales, cuando el Señor será Rey sobre toda

---

[6] Se refiere a THOMAS CHALMERS [1780-1847] pastor, eminente teólogo, matemático y reformador escocés nacido en Anstruther. Estudió en *St. Andrews* y se ordenó presbítero en 1803, ejerciendo como pastor en Glasgow donde su brillante oratoria conmocionó la ciudad. Fue profesor de filosofía moral en *St. Andrews* y de teología en Edimburgo. En 1843 lideró a 470 pastores que se separaron de la Iglesia Oficial en Escocia para fundar la *Iglesia Libre de Escocia*.

la tierra después de haber subyugado a sus enemigos. Es evidente que la relación con la vendimia es intencionada y se utiliza como representación figurada de la destrucción final de todos los enemigos de Dios[7]. Así es como entendían los antiguos intérpretes y comentaristas judíos este salmo, aplicándole un concepto místico de vendimia. En consecuencia, no está fuera de lugar entender esta interesante composición poética como una anticipación profética del Reino de Cristo, que será establecido con gloria y honor en un "*mundo venidero*" más justo y habitable que el actual[8]. Todavía no vemos que todas las cosas le sean sujetas,[9] pero tenemos la certeza de que será así, que la Palabra de Dios se cumplirá, y que todos los enemigos (Satanás, la muerte y el infierno) serán subyugados y destruidos; y la creación, libre de su esclavitud y sujeción a la vanidad y corrupción a que fue sometida, será liberada a la libertad gloriosa y a los hijos de Dios.[10] Así pues, con la lectura, canto y meditación de este salmo, estamos anticipando esta victoria, y con la alabanza que en él proclamamos, avanzamos de fortaleza en fortaleza,[11] de gloria en gloria,[12] hasta el día en que juntamente con Aquel que es nuestra Cabeza gloriosa, comparezcamos ante Dios en Sión.

WILLIAM WILSON [1783-1873]
"The Book of Psalms: With an Exposition, Evangelical, Typical, and Prophetical, of the Christian Dispensation", 1860

---

[7] Isaías 63:1-6; Apocalipsis 19:18-20.
[8] Hebreos 2:5-7.
[9] Hebreos 2:8.
[10] Romanos 8:17-23.
[11] Salmo 84:7.
[12] 2ª Corintios 3:18.

Estructura: El primer versículo forma, en conjunción con el último versículo, un dulce cántico de admiración que enaltece la excelencia del nombre de Dios sobre todas las cosas. El cuerpo del salmo, es decir, los versículos intermedios entre el primero y el último, surgen ante la contemplación extasiada de las maravillas de Dios en la creación, y de su condescendencia para con el hombre. Poole[13] escribió al respecto lo siguiente en sus notas: «*La gran cuestión, en la que difícilmente se ponen de acuerdo los intérpretes, está en dirimir si este salmo habla del hombre desde un punto de vista general y del honor que Dios le concede dentro de su creación; o bien se refiere exclusivamente al hombre Cristo Jesús*». Considero factible la reconciliación de ambos conceptos sin mayores dificultades, para así poner punto y final a esta prolongada controversia; porque a mi modo de ver, el alcance y objetivo del salmo ocho no es otro que exponer y celebrar el inmenso amor y bondad de Dios con la humanidad, no solamente a través de su creación, sino también, y de manera especial, a través de su redención en Cristo Jesús, el cual, siendo verdadero hombre, anticipó en su persona todo el honor y dominio mencionado en este salmo para llevar a término su inmensa y gloriosa obra redentora. En

---

[13] Se refiere a MATTHEW POOLE [1624-1679] teólogo y biblista puritano nacido en York y educado en el *Emmanuel College* de Cambridge. Tuvo que exilarse a Holanda a causa de sus ideas políticas y religiosas y murió en Amsterdam. Eminente escritor, su obra cumbre *Synopsis criticorum biblicorum* (5 vols fol., 1669-1676) escrita en latín, está siendo traducida al inglés. Pero su obra más divulgada y conocida es el *Matthew Poole's Commentary on the Holy Bible*, considerado uno de los mejores y más conocidos comentarios a toda la Biblia juntamente con el "Comentario de Matthew Henry".

consecuencia, Cristo es el sujeto principal de este salmo; y así vemos que lo entiende e interpreta tanto el propio Señor Jesús al mencionarlo en Mateo: *"De la boca de los niños y de los que maman perfeccionaste la alabanza"*[14] (Salmo 8:2); como también el Espíritu Santo en las palabras del apóstol a los Corintios: *"todo lo pusiste bajo sus pies"*[15] (Salmo 8:6), y a los Hebreos: *"¿Qué es el hombre para que tengas de él memoria..."*[16] (Salmo 8:4-5).

C. H. SPURGEON

Versión poética:

DOMINE, DOMINUS NOSTER,
QUAM ADMIRABILE

¡Oh Señor! Señor nuestro y poderoso,
¡qué admirable, magnífica y excelsa
es la gloria brillante de tu nombre
sobre todas las cosas de la tierra!

¡Qué elevada, sublime y majestuosa
es tu grande inmortal magnificencia!
¡y qué hombre podrá nunca describirla,
si a los cielos excede y los supera!

De la boca sencilla de los niños,
cubierta de candor y de inocencia,
y de los labios mismos que mamaban
sacaste tu alabanza más perfecta.

---

[14] Mateo 21:16.
[15] 1ª Corintios 15:27.
[16] Hebreos 2:6-7.

Esto lo hiciste por tus enemigos,
y para hacerles ver con evidencia,
que tú los destruirás, pues tenaces
a pesar de esta luz tanto se ciegan.

Mas yo veré los cielos luminosos
que fueron obra de tu mano excelsa,
las estrellas, la luna y demás astros
que tú formaste, y el espacio pueblan.

¿Qué es el hombre, Señor, que en su regalo
tan atento y solícito te muestras?
¿qué es el hijo del hombre, pues le haces
objeto de tu amor y tus ideas?

Poco inferior al ángel le formaste,
llenándole de gloria, y de las prendas
de la naturaleza y de la gracia,
es tu hechura mejor sobre la tierra.

Todo se lo pusiste en la mano,
todas las cosas a sus pies sujetas,
las ovejas, los bueyes y los otros
vivientes brutos, que los campos llenan.

Los pájaros que el aire hermoso talan,
los peces que del mar surcan las sendas,
y en fin le diste cuantos animales
la tierra y el mar en su confín encierran.

¡Oh Señor! Señor nuestro y poderoso,
¡qué admirable magnífica y excelsa
es la gloria brillante de tu nombre,
sobre todas las cosas de la tierra!

DEL "SALTERIO POÉTICO ESPAÑOL", SIGLO XVIII

2

Salmo completo: Consideremos el alcance de este sal-mo, en base a la cita que hace del mismo el apóstol en la *Epístola a los Hebreos*[17] para probar la realidad del mundo venidero. Cualquiera que lea el salmo ocho se siente inclinado a pensar que el salmista describe en el mismo perfectamente al primer Adán en su reino, en su paraíso, antes de la caída: hecho *"poco menor que los án-geles"* (8:5) –porque nosotros somos espíritus limitados, envueltos en carne y sangre, mientras que ellos son me-ramente espíritus, solamente un grado inferior, algo así como si ellos fueran duques y nosotros marqueses– y pue-de concluir erróneamente, digo yo, que aquí acaba todo el significado y alcance del salmo, razonando que en el mismo, si algo se aplica a Cristo, es meramente por alu-sión. Pero la verdad es que el apóstol no lo ve así, antes bien se esfuerza en dar a entender, demostrar y convencer a esos hebreos a los que dirige su epístola que el salmo ocho se refiere directa y plenamente a Cristo, y que ha-bla abiertamente de ese hombre que ellos esperaban como Mesías: *el Hombre Jesucristo*. Y la prueba de que es así la tenemos claramente cuando dice: *"alguien testificó en*

---

[17] Hebreos 2:1-18.

cierto lugar diciendo"[18], y concretamente en la expresión griega διεμαρτυρατο "*diamarturato*": "*lo ha testificado*" (que cabe traducir por *"lo ha atestiguado"*), primer aoristo medio indicativo del antiguo verbo *diamartýromai* que implica la acción de testificar de algo de manera rotunda y vigorosa: *etiam atque etiam*[19], es decir, lo más explícitamente posible, una y otra vez, por activa y por pasiva; y que según observa Beza[20], indica el testimonio de: *"Uno determinado en un cierto lugar",* como prueba de que el salmo se refiere al hombre Cristo Jesús, y por tanto su relación con él no es por mera alusión. En realidad, es Teodoro de Beza quien le da por primera vez a este texto tal interpretación. Bajo la misma, el alcance del salmo es el siguiente: en Romanos 5:14 leemos que el primer Adán fue un tipo, figura del segundo Adán *"que había de venir"*. En el Salmo 8:1-9, encontramos una descripción del mundo bajo los pies de Adán, que es a su vez tipo de un mundo que ha de venir; y todo hace pensar que si el primer Adán tenía un mundo concreto, su mundo, puesto bajo sus pies, el segundo Adán tiene también un mundo a él asignado. A partir de ahí podemos tratar de establecer

---

[18] Hebreos 2:6.

[19] Hechos 2:40.

[20] Se refiere a TEODORO DE BEZA [1519-1605], el más reconocido académico reformado del siglo XVI, que sustituyó a Calvino al frente de la Iglesia Reformada de Ginebra y fue una pieza clave en la consolidación de la Reforma. Primer Rector de la Academia de Lausana trabajó para hacer una edición del Nuevo Testamento en griego con notas explicativas lingüísticas. En 1565 dividió toda la Biblia en versículos, división que hizo imprimir entre 1565 y 1604 en nueve ediciones del Nuevo Testamento griego de Erasmo de Rotterdam y que perdura prácticamente hasta hoy. Localizó un valioso códice bilingüe que data del siglo VI, con los textos griego y latino de los Evangelios Sinópticos y los Hechos.

paralelismos y significados: por "*ovejas y bueyes*" y por "*las aves*" podemos entender quizás demonios, hombres malvados, potestades en los aires; así como, por "*los cielos*", cabe entender los ángeles y los apóstoles que fueron predicadores del evangelio. Para hacerlo simple y sencillo, el hecho de que este salmo, y en concreto la frase "*Todo lo pusiste debajo de sus pies*", lo cite el apóstol en Efesios 1:22, da a entender claramente que no se refiere al hombre en su inocencia, como cabría pensar, sino al Mesías, al Señor Jesucristo; y por consiguiente, que el mundo al que se refiere el salmista no es tampoco el mundo en el que vivimos, sino un mundo hecho a propósito para el Mesías, como el otro lo fue hecho a propósito para Adán. ¿Y por qué razón concluimos que este salmo no se refiere al hombre en su estado primitivo de inocencia, al menos de manera primordial y como objetivo principal, sino al Mesías, a Jesucristo? Pues porque en el primer versículo dice: "*De la boca de los niños y de los que maman, fundaste la fortaleza*". En la etapa de inocencia de Adán no había niños, pues Adán cayó en el pecado antes de procrear familia. Y en segundo lugar, porque añade: "*Para hacer callar al enemigo y al vengativo*", esto es al Diablo, que se constituyó en enemigo, homicida desde el principio. ¿Acaso cabe pensar que Dios usaría al hombre para acallar al Diablo? ¡Vamos! ¡Si venció y aplastó al primer Adán de inmediato! Por tanto, debe referirse forzosamente a otro Adán, a otro hombre capaz de hacer callar al enemigo y al vengativo. Sigue diciendo en (8:4): "¿Qué es el hombre... *y el hijo del hombre?*". Adán, ciertamente, era hombre, pero no era hijo del hombre; en Lucas 3:38, se lo llama "*hijo de Dios*", pero nunca *filius hominis,* es decir, *hijo de hombre*. Recuerdo que Ribera[21] hace énfasis en esto. Pero veamos el argumento que el propio apóstol emplea para probarlo. Este *"hombre"*, según el apóstol debe tenerlo todo bajos sus pies; todo con la excepción de Dios; por tanto, debe tener a los ángeles sujetos a él, puesto que dice que bajo sus pies han sido puestos todos los principados y potestades. No puede, por tanto, referirse a Adán, al primer hombre puesto en el mundo, durante su estado de inocencia: Adán estaba muy lejos de tener todas las cosas bajo sus pies. No, hermanos, bastante trabajo tuvo Adán para conseguir que las demás criaturas creadas le rindieran pleitesía. Solamente puede tratarse de Cristo Jesús, en cuyo caso todo coincide, pues él sí está muy por encima de la creación, y muy por encima de los ángeles y de todas las cosas.

En segundo lugar, y asumido el hecho de que no puede referirse al primer Adán en su estado de inocencia, menos aún cabe aplicarlo al hombre caído, esto está claro, y en este sentido el propio apóstol lo dice al exclamar: *"todavía no vemos –dice– que todas las cosas le sean sujetas"* [22]. Algunos piensan que en este texto el apóstol está contestando alguna pregunta u objeción concreta, pero yo no lo veo así; pienso más bien que lo que hace es aportar una

---

[21] Se refiere a FRANCISCO RIBERA DE VILLACASTÍN [1537-1591], jesuita español conocido como *El Padre Ribera*. Doctor en Teología en 1570, ejerció como profesor de Sagrada Escritura en Salamanca (1575-1591). Fue uno de los directores y confesor personal de Santa Teresa de Jesús. Escribió diversos comentarios a los libros proféticos de la Biblia haciendo una interpretación del libro de Apocalipsis, en la que se mezcla milenarismo con historia, que encaja en muchos puntos con el dispensacionalismo moderno, y según la cual el anticristo reinará durante los últimos tres años y medio de nuestra Era.

[22] Hebreos 2:8.

prueba de que el hombre caído no puede ser el sujeto al que se refieren los versículos 1-9 del Salmo 8. ¿Por qué? Pues, digamos, porque no vemos para nada que todas las cosas estén sujetas ni a ningún hombre en concreto, ni a la raza humana en su conjunto. Todo lo contrario, en el caso del hombre como individuo cabe incluso decir que muchas de las demás criaturas creadas pueden, con frecuencia, causarle daño y hasta matarlo: no le están sujetas; y en el caso de la raza humana, tampoco, pues no domina en absoluto la naturaleza como para hacerse acreedora de semejante afirmación. Pongamos como ejemplo a todos los monarcas habidos hasta ahora en la tierra: ninguno de ellos ha llegado jamás a conquistar el mundo entero. En otras palabras, jamás ha existido un hombre pecador del que pueda decirse que todas las cosas estuvieran sujetas bajo sus pies. En cambio, a Jesucristo, *"el Hombre"* sí que lo vemos *"coronado de gloria y honor"*, y por tanto, es a este Hombre y no a otro hombre al que se refiere el salmista. Queda pues claro, que es única y exclusivamente a Cristo, el Dios hecho hombre, a quien el salmo ocho se aplica en toda su plenitud. Y a decir verdad, así lo entiende y aplica el propio Cristo, que interpreta este salmo referenciándolo a sí mismo[23], acallando de este modo las críticas y acusaciones de los principales sacerdotes y los escribas. Así que, como podéis comprobar, contamos no con uno, sino con dos testigos de excepción que confirman nuestra teoría: el apóstol y Cristo mismo. Cuando las gentes lo aclamaron gritando: *"¡Hosanna al Hijo de David!"*[24] (sálvanos ahora) proclamándolo con ello Salvador del mundo, cosa que indignó a los fariseos, nuestro

---

[23] Mateo 21:16.
[24] Mateo 21:9.

Salvador los refuta citando este salmo: "¿Nunca leísteis: 'De la boca de los niños y de los que maman perfeccionaste la alabanza'?". Jesús cita este salmo porque habla y se refiere a él mismo; y Pablo[25], apoyándose en la garantía que le proporcionaba esta cita de Cristo, y quizás en alusión directa a la misma, la utiliza también como argumento definitivo para convencer a los judíos.

Thomas Goodwin [1600-1679]

---

[25] Es evidente que el autor asume en este caso que Pablo es el autor de la *Epístola a los Hebreos*.

3

Vers. 1. *¡Oh Jehová, Señor nuestro, cuán glorioso es tu nombre en toda la tierra! Has puesto tu gloria sobre los cielos.* *[¡Oh Jehová, Señor nuestro, cuán glorioso es tu nombre en toda la tierra! Has puesto tu gloria sobre los cielos. RVR] [Oh Señor, soberano nuestro, ¡qué imponente es tu nombre en toda la tierra! ¡Has puesto tu gloria sobre los cielos! NVI] [¡Oh Señor, Señor nuestro, cuán glorioso es tu nombre en toda la tierra, que has desplegado tu gloria sobre los cielos! LBLA]*

¡Oh Jehová, Señor nuestro, cuán glorioso es tu nombre en toda la tierra! Has puesto tu gloria sobre los cielos.[26] Incapaz de expresar con palabras la gloria de Dios, el salmista prorrumpe en una exclamación: ¡Oh Jehová, Señor nuestro![27] Nada tiene de extraño, pues no hay corazón que

---

[26] Este salmo presenta importantes problemas en la traducción de términos y pasajes oscuros del texto hebreo y en consecuencia marcadas diferencias en algunos puntos entre el texto hebreo y la traducción al griego de la *Septuaginta*, que se reflejan en las distintas versiones y traducciones, como verá el lector al analizar cada versículo.

[27] En hebreo יְהוָה אֲדֹנֵינוּ *Yahweh 'ăḏōnênū*. El término hebreo אֲדֹנֵינוּ *'ăḏōnênū*, de אָדֹן *'âḏôn*, significa Señor pero con un sentido

alcance a medir, ni lengua que pueda expresar, la mitad de la grandeza del Señor. El universo entero está lleno de su gloria y sus más remotos confines irradian la excelencia de su poder; su bondad y su sabiduría están presentes en todas y cada una de sus partículas más diminutas. Las incontables miríadas de criaturas terrestres –partiendo del hombre, que es su cabeza, hasta el más diminuto gusano que se arrastra a sus pies– se sostienen y nutren de la gracia y liberalidad divina. La estructura sólida del universo se apoya sobre su brazo eterno. Él está presente de manera universal, y por todas partes su nombre es excelente; es el autor de todo lo que existe, y no hay lugar en el que Dios no esté. Los milagros de su poder nos aguardan por todas partes para sorprendernos con sus maravillas.

Adentraos en los valles más profundos y silenciosos donde enormes paredes de roca a cada lado os mantendrán aprisionados, erigiéndose cual almenas celestes y dejándoos ver cuando levantéis la cabeza tan sólo un pequeño pedazo de cielo azul; puede incluso que seáis el primer ser humano que pisa ese lugar haciendo que los pájaros revoloteen asustados y el musgo cruja por primera vez bajo vuestras pisadas; y a pesar de ello, Dios está allí presente, mucho antes que vosotros, a través de mil maravillas,

---

de soberanía y propiedad. Por ello nos parece muy adecuada la traducción que hace SCHÖKEL: «¡Señor, dueño nuestro, qué ilustre es tu nombre en toda la tierra!» La *Versión Griega de los LXX* no hace distinción entre las dos palabras, repite: κύριος ὁ κύριος, que la *Vulgata* traduce como: *"Domine, dominus noster"*. Sobre ello hace JUAN CRISÓSTOMO [347-407] este interesante comentario: «Dios es señor de todos, incluso de aquellos que no creen, por razón de su acción creadora, pues a todos nos hizo de la nada. Pero en nuestro caso la razón es doble, puesto que además lo conocemos y creemos en él; por esto exclama: *"Señor, Señor nuestro"*».

sosteniendo las impresionantes rocas, llenando los pistilos de las flores con su perfume y refrescando los pinos solitarios con el aliento de su boca.

Descended si se os antoja a las profundidades del océano, donde el agua duerme imperturbada y la arena permanece inmóvil en quietud perenne; y veréis como la gloria del Señor está también allí, mostrando su excelencia en lo más recóndito del palacio silencioso de las aguas. Pedid prestadas las alas de la mañana[28] y recorred los confines más distantes de los mares, y veréis que Dios está allí. Subid a lo más alto de los cielos, o bajad al infierno más profundo, y comprobaréis que Dios está tanto en uno como en el otro lugar, alabado en un cántico eterno de alabanza o justificado en la más terrible de las venganzas. Dios reside en todo lugar y es manifestado en su obra por todas partes.

Pero Jehová no es enaltecido únicamente sobre la tierra, pues su grandeza brilla también en el firmamento. Su gloria excede a la gloria de los cielos estrellados, ya que por encima de las constelaciones ha establecido su trono y mora en luz inefable[29].

Adoremos, por tanto, al que: *«Él solo extendió los cielos y anda sobre las olas de la mar; hizo la Osa, el Orión y las Pléyades, y los lugares secretos del sur...».*[30] Y para hacerlo, difícilmente encontraremos palabras más apropiadas que las de Nehemías cuando exclamó: *"Tú solo eres Jehová; tú hiciste los cielos, y los cielos de los cielos, con todo su ejército, la tierra y todo lo que está en ella, los mares y todo lo que hay en ellos; y tú vivificas todas estas cosas, y los ejércitos de los cielos te adoran"*.[31]

---

[28] Salmo 139:9.
[29] Salmo 103:19.
[30] Job 9:8-9.
[31] Nehemías 9:6.

Todo el texto del salmo ocho nos lleva a concluir que está dirigido a Dios, porque nadie sino el Señor mismo puede plenamente conocer su propia gloria. Ciertamente, el corazón creyente se fortalece cuando contempla la gloria divina por doquier; pero solamente Dios mismo puede llegar a concebir y a percibir adecuadamente su propia gloria: *"la gloria de Dios"*; el hombre, a lo más que puede llegar es a exclamar: *"Oh Jehová, Señor nuestro"*. ¡Cuánta dulzura encierra esta insignificante expresión: *"nuestro"*! Pues toda la inmensidad inconmensurable de la gloria de Dios se transforma en ternura cuando podemos colocar detrás el pronombre personal y posesivo *"nuestro"*, y llamarlo*: "Señor nuestro"*.[32]

Cuán glorioso es tu nombre en toda la tierra. Tampoco encuentra el salmista palabras humanas con las que expresar la excelencia del nombre de Dios, y de nuevo recurre a la exclamación: *"Oh, Jehová"*. Pues si ya sólo el nombre de Jehová es excelente, cuánto más no habrá de serlo su persona. Fijémonos en que ni aún los cielos pueden llegar a contener su gloria[33], que está por encima de los cielos, lo cual evidencia la imposibilidad de que ningún ser creado la pueda llegar a expresar. En cierta ocasión en que visitaba los Alpes[34] experimenté esa sensación de que Dios es infinitamente más grande que las más grandes de sus obras, y bajo el impacto de ese sentimiento escribí estas líneas:

---

[32] Mateo 6:9.

[33] 2ª Crónicas 6:18.

[34] Importante cadena montañosa situada en Europa central, entre Francia, Suiza, Italia, Austria y Alemania. Su punto culminante es el pico del Mont Blanc, con 4.810 metros de altitud, el punto más elevado de Europa.

Ni aun en las cosas más grandes que pueda haber
alcanzamos a contemplarlo a Él. El cristal es demasiado denso
y oscuro, o son nuestros ojos terrenales demasiado tenues.

Los Alpes, que elevan orgullosos sus cumbres por encima
de las nubes
y mantienen animadas conversaciones con las estrellas,
son como una mota de polvo, bajo la cual no vibra la balanza.
Comparados con la inmensidad divina,
sus picos coronados de nieve quedan cortos para describir
al que mora en la Eternidad
aunando los nombres de Sublime y Altísimo.
Las profundidades sin sondar son charcos si tratamos
de expresar
la sabiduría y el conocimiento de Dios.
El espejo de todas las criaturas vivientes es pequeño
para reflejar la imagen del Infinito.
El Señor ha escrito apropiadamente su nombre
y ha estampado su sello en la frente de su creación;
pero así como el hábil alfarero perfecciona
el jarrón que moldea en su rueda;
tanto más, Jehová,
trasciende la grandeza de todas sus obras.
Todos los engranajes de la tierra se quebrarían, sus ejes
se partirían,
si se vieran amenazados por el peso de la Deidad.
El espacio exterior es pequeño para el descanso del Eterno,
y el tiempo demasiado corto como banqueta para su trono.
Aún a las avalanchas y a los truenos les falta voz
para pronunciar con total volumen su alabanza.
¿Cómo puedo yo, pretender enunciarla? ¿Dónde están
las palabras
con las que mi lengua entusiasta pueda hablar de su nombre?
En silencio me inclino, y humildemente lo adoro.

C. H. Spurgeon

Cuán glorioso es tu nombre en toda la tierra.[35] ¡Cuán egregio y eminente es el nombre de Jesús en todo el mundo! Su encarnación, su nacimiento, su vida humilde y más bien opaca, su predicación, sus milagros, su pasión y muerte, su resurrección y su ascensión: son celebradas y conmemoradas por todo el mundo[36]. Su religión, su doctrina, los dones y gracias de su Espíritu, su pueblo –los cristianos–, su evangelio y sus predicadores: proclaman su nombre en todo lugar. Ningún otro nombre es tan universal, ningún otro poder o influencia actúa de forma

---

[35] Isaías 6:3.

[36] Esa misma interpretación y la misma admiración por el nombre de Jesús las encontramos en JUAN CRISÓSTOMO [347-407] quien al comentar este versículo exclama: «De hecho, por medio de este nombre fue vencida y eliminada la muerte, los demonios encarcelados y sujetos con cadenas; despejado el acceso a los cielos y las puertas del Paraíso abiertas de par en par; por él fue enviado el Espíritu, los esclavos hechos libres; los enemigos trocados en hijos, los extranjeros convertidos en herederos, y los seres humanos transformados en ángeles. ¿Ángeles digo? ¡Más que ángeles! Pues Dios se hizo hombre y el hombre hijo y heredero con Dios (Romanos 8:17). El cielo hizo suya la naturaleza de la tierra y la tierra dio la bienvenida al que cabalga sobre un querubín rodeado de los ejércitos del cielo (Salmo 18:10). La cerca fue desportillada (Isaías 5:5), la pared de separación cayó derribada y lo que se había separado, hecho uno de nuevo (Efesios 2:14). La luz resplandeció disipando las tinieblas (Isaías 9:2; Juan 1:15; 2ª Corintios 4:6) y la muerte fue sorbida con victoria (1ª Corintios 15:54)». Y AGUSTÍN DE HIPONA [353-429] viendo asimismo en ese texto el nombre de Cristo reflexiona: «Me pregunto: ¿Por qué es tan admirable tu nombre en toda la tierra? Y respondo: Porque tu majestad se eleva por encima de los cielos. Esto es: Señor, nuestro dueño, ¡cuánto te admiran todos los que habitan en la tierra! Porque desde la humildad terrena, tu majestad se elevó por encima de los cielos; y cuando unos vieron y otros creyeron a adónde subías, es cuando entendieron quién eras y de dónde bajabas».

tan directa sobre la raza humana, como el nombre del
Salvador. Amén.

ADAM CLARKE [1760-1832]
"Commentary on the Whole Bible", 1831

Sobre los cielos. No en los cielos, sino *"sobre los cielos"*, es decir, por encima de ellos; más lejos, más alto,
más grande; para que todos los "ángeles, principados y
potestades estén sujetos a él."[37] Como dice San Pablo,
Cristo: *"subió por encima de todos los cielos para llenar-
lo todo".*[38] Y por tanto; *"Tu nombre es glorioso en toda la
tierra... tu gloria sobre los cielos".*

ISAAC WILLIAMS [1802-1865]
"The Psalms, Interpreted of Christ", 1864

Vers. 2. ***De la boca de los niños y de los que maman,
fundaste la fortaleza, a causa de tus enemigos, para hacer callar al enemigo y al vengativo.*** *[Por boca de los niños y de los que maman, afirmas tu fortaleza frente a tus
adversarios, para hacer callar al enemigo y al rebelde.
RVR] [Por causa de tus adversarios has hecho que brote
la alabanza de labios de los pequeñitos y de los niños de
pecho, para silenciar al enemigo y al rebelde. NVI] [Por
boca de los infantes y de los niños de pecho has establecido tu fortaleza, por causa de tus adversarios, para hacer
cesar al enemigo y al vengativo. LBLA]*

---

[37] El autor cita literalmente una antigua obra poética de oraciones
del poeta inglés HENRY VAUGHAN [1622-1695]; *Mount of Olives &
Primitive Holines*, 1652.
[38] Efesios 4:10.

Por boca de los niños y de los que maman,[39] *afirmas tu fortaleza frente a tus adversarios.* No son tan sólo la expansión de los cielos y la majestuosidad de la tierra quienes proclaman la gloria de Dios; los orbes colosales que cruzan silenciosos el espacio y las inmensas cordilleras que elevan orgullosas sus cumbres nevadas, no son los únicos testigos de la grandeza del poder divino; sino que incluso los balbuceos de los recién nacidos manifiestan su poder.[40] ¡Con qué frecuencia los niños nos hablan de un Dios al que hemos olvidado! ¿Acaso no fueron los niños los que proclamaron su «¡Hosanna!» en el Templo, cuando los fariseos, orgullosos, guardaban silencio y mostraban desprecio?[41] ¿Y no cita el Salvador estas mismas palabras como justificación de sus gritos infantiles? Foxe[42] en su *Libro de los Mártires* nos dice que cuando Mr. Lawrence[43] fue quemado en Colchester, después haber sido llevado a la hoguera en una silla porque a causa de la crueldad de los papistas no podía

---

[39] En hebreo מִפִּי עוֹלְלִים וְיֹנְקִים *mippî ʿōwllîm wǝyōnǝqîm.*

[40] En el antiguo Israel los niños solían mamar hasta más allá de los dos años de edad, por lo que es probable que el salmista tuviera en mente algo más que simples balbuceos. Ver al respecto más amplia información en los comentarios al Salmo 131:1. Algunos autores enlazan también las palabras de este texto con el pasaje de Lucas 2:41-51, cuando Jesús justo con doce años de edad asombraba y hacía callar a los doctores en el Templo.

[41] Mateo 21:15-16.

[42] Se refiere a JOHN FOXE [1516-1587] autor del famoso *Book of Martyrs, "El libro de los Mártires"* una de las obras más conocidas y más leídas en lengua inglesa después de *El Peregrino* de John Bunyan. Editado en español por Editorial CLIE.

[43] Se refiere al martirio de JOHN LAWRENCE, pastor y predicador itinerante, quemado en Colchester, en Essex, el 28 de marzo de 1555 durante el reinado de María la Sanguinaria, hecho narrado por Foxe en su *Book of Martyrs.*

ya sostenerse en pie, varios niños acudieron cerca de la hoguera y gritaron diciendo: «*Señor, fortalece a tu siervo, y guarda su promesa*». Dios contestó su oración, porque Mr. Lawrence murió con una calma y una firmeza que cualquiera podría desear para sí en sus últimos momentos.

Cuando uno de los capellanes de la Iglesia de Roma le dijo a Mr. Wishart[44], el gran mártir escocés, que tenía dentro de sí un diablo, un niño que estaba cerca exclamó en su inocencia: «*Un diablo no puede decir palabras como las que dice este hombre*». Un ejemplo más, y de una época más cercana a nuestros tiempos. En una posdata a una de sus cartas, en la cual detalla su persecución cuando empezó a predicar en *Moorfields,* Whitefield[45] dice: «N*o* puedo

---

[44] Se refiere a GEORGE WISHART [1513-1546], profesor de griego y reformador escocés a través de cuya predicación se convirtió John Knox. Aunque huyó por un tiempo del país, a su regreso fue acusado de herejía y condenado, muriendo mártir en la hoguera en St. Andrews en 1546.

[45] Se refiere a GEORGE WHITEFIELD [1714-1770] considerado uno de los más grandes predicadores de todos los tiempos. Cuando apenas contaba con 21 años de edad, ya era un ministro de la Iglesia de Inglaterra en la *Crypt Church*, en Gloucester. Su primer sermón, al domingo siguiente de ser ordenado, causó tal impacto en los presentes que su fama de predicador se extendió por doquier. Adherido al movimiento metodista de John Wesley, en 1738 viajó a Estados Unidos y encabezó el primer avivamiento evangélico en América, conocido como *El Gran Despertamiento.* Se cuenta que en algunas ocasiones sus auditorios llegaban a reunir 80.000 personas. Su labor no fue fácil, en ocasiones era insultado por algunos miembros del público y hasta agredido con terrones. En Basingstoke fue agredido a palazos. En Moorfield destruyeron la mesa que le servía de púlpito y le arrojaron la basura de la feria. En Evesham las autoridades, antes de su sermón, lo amenazaron con prenderlo si predicaba. En Exeter, mientras predicaba ante un auditorio de diez mil personas, fue apedreado de tal modo que llegó

menos que añadir que los varios niños y niñas que acostumbraban sentarse alrededor de mí en el púlpito mientras predicaba, y me entregaban las notas que les lanzaba la gente -aunque con frecuencia los acertaran con huevos podridos, fruta, fango, etc., que iban dirigidos a mí-, nunca cedieron ni dejaron de hacerlo; al contrario, cada vez que me tocaban con algo, me miraban con sus ojuelos llenos de lágrimas, y parecía que hubieran preferido recibir ellos los impactos dirigidos a mí. Dios hizo de ellos, en sus años adultos, fieles servidores y grandes mártires para él, pues *"de la boca de los niños y de los que maman perfecciona la alabanza!"»*. El Dios que se deleita en los cantos de los ángeles se complace también en ser honrado ante los ojos de sus enemigos por la alabanza de los niños. ¡Qué contraste tan maravilloso nos ofrece el salmista entre los versículos uno y dos de este precioso salmo al recordarnos que tanto en la grandeza de los cielos como por los balbuceos de los niños, el nombre de Dios es alabado y declarado excelente![46]

C. H. Spurgeon

---

a pensar que le había llegado su hora y en otro lugar lo apedrearon nuevamente hasta dejarlo cubierto de sangre; otras veces a causa del "disturbio" que podía generar, le vedaban el ingreso a los templos, por lo que se dedicó a predicar al aire libre, cosa que le ganó el apodo de *"El Príncipe de los Predicadores al Aire Libre"*. Murió el 30 de septiembre de 1770, en Newburyport (Massacussets) después de haber predicado un sermón en Exeter.

[46] Todos los especialistas coinciden en que el versículo dos del salmo ocho es un pasaje oscuro y de muy difícil traducción. En este sentido nuevamente merece destacar la traducción y distribución del texto que hace Schökel: *"Quiero servir a tu majestad celeste con la boca de chiquillos y criaturas. Has cimentado un baluarte frente a tus adversarios para reprimir al enemigo vengativo"*. Aunque sin duda otras interpretaciones, como la de Kraus, no

De la boca de los niños y de los que maman. De forma profética, el salmista nos describe lo que unos niños de Jerusalén harían cientos de años después en el templo, cuando en virtud y cumplimiento de su infinita misericordia, Dios envió al mundo a su Hijo Jesucristo para salvarnos de nuestros pecados, pues el Señor relaciona sus gritos de "*Hossana al Hijo de David*" con este Salmo[47]. Así es como lo entienden San Basilio[48] y otros grandes Padres de la Iglesia tanto como reconocidos escritores más actuales. Sin embargo, Calvino da a esa frase otro significado más literal, aplicándola al hecho mismo de mamar; es decir, refiriéndose a la inmensa sabiduría del Creador, que provee a los recién nacidos el alimento necesario transformando la sangre de la madre en leche y dando a los niños la facultad de poderla succionar mamando, a fin de que puedan alimentarse y preservar su existencia; hecho de por sí lo suficientemente maravilloso como para cerrar la boca de todos aquellos que niegan la providencia divina con las más débiles e insignificantes de sus criaturas.

JOHN MAYER [1583-1664]
"A Commentary upon the whole Old Testament", 1653

---

dejan de encerrar también todo un mundo de belleza y significado: *"Tú que 'pusiste' tu esplendor sobre los cielos, por boca de los niños y de los pequeñines edificaste una fortaleza a causa de tus enemigos, para acabar con el enemigo y con el vengativo".*
[47] Mateo 21:16.
[48] Se refiere a SAN BASILIO MAGNO [329-379], obispo de Cesarea de Capadocia y uno de los más importantes y reconocidos Padres de la Iglesia Griega. Brillante orador y eminente teólogo, combatió el arrianismo. Entre su importante obra escrita, destacan, además de sus numerosas cartas (se conservan unas 365) y textos litúrgicos, su *Hexámeron* (sobre Dios Creador), su *Tratado sobre el Espíritu Santo* y sus libros apologéticos contra el arriano Eunomio.

De la boca de los niños. El poder del evangelio no es resultado de la elocuencia o sabiduría del predicador.

ANÓNIMO

De la boca de los niños y de los que maman. ¿Quiénes son estos «niños y niñas que maman»?[49]

1. *El hombre en general.* Pues aunque parte de un origen tan débil e indefenso como son los niños y los que maman, con el transcurrir del tiempo va adquiriendo la fuerza necesaria como para enfrentarse y *vencer al enemigo y al vengativo.*[50]

2. *David en particular.* Ya que Dios lo utilizó siendo todavía un muchacho débil, casi un niño, para vencer y derribar al imponente Goliat de Gad.[51]

3. *Nuestro Señor Jesucristo en especial.* Que asumiendo nuestra naturaleza humana y enfermiza y sometiéndose a todas las debilidades propias de un niño, después de su muerte, con esa misma naturaleza ascendió a los cielos para reinar, después de haber sometido a todos sus enemigos y haberlos puesto como estrado de sus pies.[52] Por el

---

[49] AGUSTÍN DE HIPONA [353-429] ve en ellos a los creyentes a los que Pablo dice: *"Os di a beber leche, y no alimento sólido; porque aún no erais capaces, ni sois capaces todavía"* (1ª Corintios 3:3); y añade «con razón dice el salmista que de boca de los que maman *"completaste la alabanza"* [la traducción del texto según la Vulgata] porque en las iglesias hay gente que ya ha dejado de tomar leche y se alimenta de manjares sólidos, como da a entender el apóstol en otro pasaje: *"hablamos sabiduría entre los que han alcanzado madurez"* (1ª Corintios 2:6)».

[50] Salmo 8:2.

[51] 1ª Samuel 17:33,42.

[52] Salmo 110:1; 1ª Corintios 15:27.

nacimiento del Hijo de Dios a través de una mujer, que lo llevó en su vientre, nuestra naturaleza humana fue exaltada por encima de todas las demás criaturas.

4. *Los apóstoles.* Cuya apariencia externa era poco presentable, y en cierto sentido eran comparables a los niños y a los que maman, si los cotejamos con los grandes del mundo. No obstante, aunque criaturas pobres y despreciadas desde el punto de vista humano eran, con todo, instrumentos primordiales al servicio y gloria de Dios. Por tanto, no es de extrañar que cuando Cristo glorificó a su Padre por la dispensación sabia y gratuita de su gracia salvadora dijera: "Te doy gracias, oh Padre, Señor del cielo y de la tierra, porque has escondido estas cosas de los sabios y los prudentes, y las has revelado a los niños".[53] Recordemos que estas palabras las pronunció Jesús después de haber enviado a setenta de sus discípulos y darles poder sobre los espíritus inmundos.[54]

5. *Los niños que cantaron Hossana a Cristo durante su entrada triunfal en Jerusalén.* Y cuyo derecho de hacerlo el propio Cristo defendió.[55]

6. *Todos los cristianos que militan bajo la bandera de Cristo.* Y que por ser parte de su confederación, tienen derecho a ser identificados con estos niños del salmo por las siguientes razones:

-*Por su débil condición:* Dios, que gobierna el mundo, se complace en subyugar a los enemigos de su reino por medio de instrumentos débiles y despreciados.

-*Por su disposición:* Los niños son siempre los más humildes. Por ello se nos dice que: "*Si no os hacéis y*

---

[53] Mateo 11:25.
[54] Lucas 10:17-22.
[55] Mateo 21:15-16.

os volvéis como niños, no entraréis en el reino de los cielos",[56] lo que viene a ser como si nos hubiera dicho: «Vosotros os esforzáis en conseguir y ocupar lugares preeminentes y lucháis por la grandeza mundana en mi reino; pues bien, yo os digo que mi reino es un reino de niños, y por tanto en él no tienen cabida sino los que son humildes y los que se ven poca cosa a sus propios ojos; aquellos que se sienten contentos con ser débiles y pequeños, menospreciados a los ojos de los demás, y que no buscan los lugares importantes y las glorias de este mundo».

THOMAS MANTON [1620-1677]

De la boca de los niños y de los que maman. La obra llevada a cabo con amor se hace la mitad de difícil y tediosa. Es como una piedra enorme, que si intentamos levantar en el aire o mover sobre el suelo no lo conseguimos; pero si inundamos el terreno donde se halla, una vez sumergida la piedra, descubrimos que con mucha menos fuerza, un simple empuje, basta para desplazarla fácilmente.[57] Del igual modo, bajo las influencias celestiales de la gracia, la marea del amor inunda nuestras obligaciones, deberes y dificultades, hasta el punto de que un niño puede hacer la labor de un hombre, y un hombre la de un gigante. Inundemos de amor nuestro corazón: *"de la boca de los niños,*

---

[56] Mateo 18:13.

[57] Lo que explica Guthrie es lo que se conoce como *Principio de Arquímedes*, que establece que «*Un cuerpo total o parcialmente sumergido en un líquido experimenta un empuje vertical hacia arriba igual al peso del volumen de líquido que desaloja*», lo que hace que sea mucho más fácil de mover un objeto pesado sumergido en agua que en el aire o sobre la superficie de la tierra.

y los que maman" Dios sacará las fuerzas necesarias para mover lo que haga falta.

THOMAS GUTHRIE [1803-1873]
"The gospel in Ezekiel illustrated in a series of discourses", 1857

Para hacer callar al enemigo y al vengativo.[58] Esta condenación y venganza contra Satanás, que fue el causante de la caída del hombre, fue hecha por Dios en el principio; es por tanto la primera promesa y la primera predicación del Evangelio, hecha por Dios mismo a Adán en el momento de su caída, asegurándole que la simiente de la mujer heriría la cabeza de la serpiente,[59] con el propósito expreso de asumir con ello dos objetivos: la condenación de Satanás y la salvación del hombre.

THOMAS GOODWIN [1600-1679]
"Christ Our Mediator"

Para hacer callar al enemigo y al vengativo. Alice Driver,[60] una pobre mujer sin cultura que murió mártir, hizo callar y avergonzar con su coraje y sus respuestas a

---

[58] En hebreo לְהַשְׁבִּית אוֹיֵב וּמִתְנַקֵּם *ləhašbît 'ōwyêḇ ūmiṯnaqqêm.* En nuestro modo de verlo está claro que el verbo hebreo וּמִתְנַקֵּם *ūmiṯnaqqêm,* de נָקַם *nâqam,* "ejecutar venganza", tira más hacia la idea de *"vengativo"* que no de *"rebelde"*.

[59] Génesis 3:15.

[60] Se refiere a ALICE DRIVER [1528-1558] de Grundisburgh, quien fue arrestada por orden del Juez Noone en tiempos de María I, por estar en posesión de una Biblia en lengua inglesa. Ante el tribunal inquisitorial, tuvo la osadía de comparar a la reina María con Jezabel, por lo que se ordenó como castigo que le cortaran las orejas. Finalmente fue condenada a muerte y quemada en la hoguera en Ipswich el 4 de Noviembre de 1558, en compañía de Alexander Gooch, otro mártir reformado.

los obispos que la acusaban y condenaban ante cientos de personas, en una demostración viva de la realidad de las palabras de este salmo: *"De la boca de los niños y de los que maman, fundaste la fortaleza, a causa de tus enemigos, para hacer callar al enemigo y al vengativo"*. Por muy poca cosa que seamos, miserables gusanos, el Señor puede hacer grandes cosas a través nuestro si confiamos en él. Puede hacer que remontemos sobre alas de águila, puede proporcionarnos las fuerzas necesarias para soportar los más indecibles padecimientos por su causa, haciendo que perseveremos hasta al fin, que vivamos por fe y acabemos nuestra carrera con gozo. ¿Acaso no nos asombramos lo mismo de la obra perfecta y maravillosa que Dios ha realizado en una insignificante hormiga, este pequeño insecto que corretea por el suelo, que de la obra que ha llevado a cabo en el más imponente de los elefantes? ¿De que el cuerpo de la hormiga tenga tantas partes y miembros ensamblados en un espacio tan pequeño? ¿De que una criatura tan insignificante cuente con la sabiduría necesaria como para proveer en el verano el alimento que necesitará durante el invierno? Y si eso hace con un insecto tan insignificante ¡cuánto más no hará con nosotros! Bendigamos al Señor, y soportemos con dignidad nuestra indignidad, porque nuestra gloria está aún por venir; pues cuando los grandes y poderosos de este mundo que han rechazado el consejo de Dios sean avergonzados, nosotros (con los publicanos y pecadores) seremos recompensados por haber dignificado el ministerio del evangelio. Aunque te consideres a ti mismo una criatura pobre, insignificante y poco útil, no te quepa la menor duda de que el Señor puede ser glorificado a través de ti.[61] Sigue viéndote a ti

---

[61] 1ª Tesalonicenses 1:1-10.

mismo pobre y débil ante tus propios ojos, y verás como el Señor hará que los enemigos orgullosos que ahora se mofan de ti tengan que rendirse a tus pies, reconociendo lo mucho que Dios ha hecho por ti y anhelando tu porción, en el día que Dios los visite y les abra los ojos.

DANIEL ROGERS [1573-1652]
"David's Cost, wherein every one who is desirous to serve God aright may see what it must cost him", 1619

Vers. 3. ***Cuando veo tus cielos, obra de tus dedos, la luna y las estrellas que tú formaste.*** *[Cuando veo tus cielos, obra de tus dedos, la luna y las estrellas que tú formaste. RVR] [Cuando contemplo tus cielos, obra de tus dedos, la luna y las estrellas que allí fijaste. NVI] [Cuando veo tus cielos, obra de tus dedos, la luna y las estrellas que tú has establecido. LBLA]*

Vers. 3, 4. En el capítulo final de un reducido pero excelente manual titulado *"El Sistema Solar"*, escrito por el Dr. Dick[62], encontramos este elocuente pasaje que expone de una manera tan hermosa como magistral la misma conclusión a la que llega el salmista en este versículo:

«El estudio del sistema solar tiende a limitar el orgullo y fomenta la humildad. El orgullo es una de las características

---

[62] Se refiere al Rev. THOMAS DICK [1774-1857], científico y pastor escocés, maestro y escritor, ampliamente conocido en el mundo anglosajón por sus trabajos en filosofía y astronomía. Fue uno de los pioneros en buscar la forma de compaginar religión y ciencia, y publicó numerosas obras con este propósito, como *"The Celestial Scenary"*, *"The Sideral Heavens"*, *"The Practical Stronomer"*, etc; Spurgeon hace referencia aquí a *"The Solar System With Moral and Religious Reflections in Reference to the Wonders Therein Displayed"*, 112 pags. Las obras de Thomas Dick se han seguido publicando y comercializando hasta el día de hoy en ediciones completas.

más peculiares del carácter humano, y ha sido una de las causas principales de todas las contiendas, guerras, devastaciones, esclavitud y otros procederes nefastos que espoleados por la ambición, han desolado y desmoralizado desde épocas ancestrales este pobre mundo sumido en el pecado. Y sin embargo, cabe decir que no hay actitud que resulte más incongruente con la posición que ocupa el hombre que el orgullo. Es probable que en todo el universo no haya otros seres racionales entre los cuales el orgullo pudiera probarse como más impropio e irracional que en el caso del hombre, considerando la situación en que se encuentra. Continuamente expuesto a catástrofes y calamidades, a la furia de las borrascas y tempestades, a la devastación de los terremotos y los volcanes, al ímpetu de los huracanes, ciclones y tornados, a las ingentes olas del océano, a los estragos de la espada, el hambre, la pestilencia y a toda clase de enfermedades. Y por si no fueran bastantes sus miserias, al final ¡ha de acabar hundiéndose en la tumba y su cuerpo tornarse pasto de los gusanos! El más altivo y pagado de sí mismo de entre los hijos de los hombres está sometido a las mismas vicisitudes que el más humilde en la familia humana. Y a pesar de ello, aún en tales circunstancias, el hombre, este endeble gusano de polvo cuyo conocimiento es tan limitado y cuyas necedades son tan numerosas y evidentes, tiene el desparpajo de pavonearse en la altanería de su orgullo y gloriarse en su desvergüenza. Si bien otras reflexiones, argumentos y motivos logran poco efecto en la mente de la mayoría, está demostrado que la reflexión que proviene de la observación astronómica es la más efectiva y poderosa a la hora de contrarrestar en los seres humanos esta deplorable propensión al orgullo. Los astros muestran claramente la insignificancia del hombre: ¡Un átomo intrascendente en medio de la inmensidad de la creación! A pesar de ser objeto del cuidado paternal y la misericordia del Altísimo, cuando se le compara a las incontables miríadas de seres que pueblan las extensiones de la creación, no es más que un simple grano de arena en un desierto. ¿Qué es la totalidad de este globo donde habitamos comparado con el sistema solar, que contiene una masa de materia diez mil veces mayor? ¿Qué es en comparación a los cientos de millones de soles y planetas que han sido observados y descritos a través de los telescopios a lo largo y ancho de las regiones estelares? Y delante de esta inmensidad, ¿qué es un reino, una provincia, o el territorio de una baronía, de los cuales nos sentimos tan orgullosos como si fuéramos señores de todo el universo y por las cuales nos engarzamos en tales devastaciones y carnicerías? ¿Qué son cuando se las compara con las glorias del firmamento? Si pudiéramos cambiar de posición geográfica, elevarnos a los pináculos celestes, y desde allí mirar hacia abajo, a ese minúsculo y casi indistinguible globo moteado de azul y verde que es la Tierra, al punto estaríamos dispuestos a exclamar como Séneca[63]: "¿Es a este punto insignificante al que han sido confinadas todas las notables y grandiosas aspiraciones del hombre? ¿Es por esto que hay tanto conflicto *entre las naciones, tantas matanzas y tantas guerras devastadoras? ¡Oh, la necedad de los hombres engañándose a sí mismos, imaginando grandes reinos dentro de la circunferencia de un átomo, y organizando ejércitos para dirimir con la espada un mísero pedazo de tierra!"* Y en sus *Discursos*

---

[63] Se refiere a LUCIO ANNEO SÉNECA [4-65 a.C.] filósofo, político, orador y escritor romano más conocido como *Séneca el Joven.* La cita procede de sus *Tratados Morales,* aunque en versión libre del traductor, en este caso Spurgeon.

Astronómicos afirma el Dr. Chalmers[64] con sobrada razón: *"En la descripción de nuestra relativa insignificancia en el universo, nos quedamos cortos al afirmar que el esplendor de un bosque inmenso se vería menos afectado por la caída de una sola hoja de uno de sus árboles, de lo que se vería afectado el esplendor del universo si este mísero globo terráqueo en el cual habitamos se disolviera repentinamente con todo lo que en él hay y todo lo que de él proviene"».

C. H. Spurgeon

Cuando veo tus cielos, obra de tus dedos,[65] y la luna y las estrellas que tú formaste. La meditación conduce a la humillación. Una vez David ha contemplado las obras de la creación, su esplendor, su armonía, su movimiento, su influencia, las plumas del penacho de su orgullo caen al suelo, y su mente se ve inundada por un torrente de pensamientos de humildad: *"Cuando veo tus cielos, obra de tus dedos, la luna y las estrellas que tú formaste, digo: ¿Qué es el hombre, para que tengas de él memoria, y el hijo del hombre, para que lo visites?".*

Thomas Watson [1620-1686]
"A Christian of the Mount", 1660

---

[64] Se refiere a Thomas Chalmers [1780-1847], matemático, pastor y líder de la Iglesia Libre de Escocia (*Free Church of Scotland*). Sus *Astronomical Discourses* fueron un ciclo de conferencias sobre los descubrimientos de la astronomía de la época y la fe cristiana, publicados en 1817 con el título *"A Series of Discourses of The Christian Revelation wiwed in connection with The Modern Astronomy"*, y de los cuales se vendieron 20.000 ejemplares en el primer año de su aparición.

[65] En hebreo אֶרְאֶה מִי־דְמַעֲשֵׂי אֶצְבְּעֹתֶיךָ כִּי־ *kî-'er'eh mekā ma'ăśê 'eṣbə'ōṯekā.*

Cuando veo tus cielos, obra de tus dedos. La mente carnal no ve a Dios en nada, ni aun en las cosas espirituales, en su Palabra o sus ordenanzas. La mente espiritual lo ve en todo, incluso en las cosas naturales, simplemente con mirar los cielos y la tierra y todas sus criaturas. El salmista exclama *"tus cielos"* porque los ve como algo que pertenece a Dios, lo ve en ellos, todo lo que existe lo ve bajo ese prisma, como creación divina, obra de sus dedos; en ellos contempla su gloria, y ello le llena de un santo temor a no abusar de sus criaturas, ni sus favores para su propia deshonra. *"Tuyo es el día, tuya también es la noche"*[66], lo que nos debe llevar a no olvidarnos de ti, oh Señor, ni a lo largo de todo el día, ni durante la noche.

ROBERT LEIGHTON [1611-1684]

Y las estrellas. Al contemplar las estrellas, no puedo decir que sea principalmente la infinitud de su número y el espacio inconmensurable que ocupan lo que me arrebata con respecto a ellas. Estos factores tienden a confundir la mente más que otra cosa y, además, esta visión de cálculos infinitos y espacios ilimitados pertenece y atañe más a la esfera de lo humano y temporal que no refleja un concepto de lo verdaderamente eterno y perdurable. Menos aún las relaciono en absoluto con la idea de otra vida después de la presente. Pero el hecho de pensar que están mucho más allá y por encima de todo lo terrestre: la sensación de que ante ellas todo lo terrenal se empequeñece hasta el punto de quedar reducido a nada; la percepción de que el hombre como individuo, con todos sus goces y sacrificios que tanto valora y a los que tanto se apega, palidece ante ellas, se vuelve infinitesimalmente insignificante y

[66] Salmo 74:16.

se desvanece al compararse con estas moles enormes que giran por la inmensidad del espacio; la emoción de pensar que las constelaciones han contemplado en el transcurrir del tiempo todo lo que ha sucedido en este planeta desde su origen, a todas las razas humanas y en todas las épocas de la tierra, sin distinciones ni diferencias, y lo seguirán contemplando hasta su final; en semejantes pensamientos sí que suelo perderme fácilmente con un deleite silencioso siempre que levanto la mirada hacia un firmamento estrellado. En verdad, contemplar la bóveda celeste en la quietud de la noche, donde las estrellas, cual un coro de mundos, surgen y descienden en sus órbitas, es un espectáculo de la más elevada solemnidad. Nos recuerda que la existencia, por así decirlo, se fragmenta en dos partes: una, que pertenece a la tierra, permanece muda en el más absoluto silencio de la noche; en tanto que la otra remonta en todo su esplendor elevándose con majestuosidad. Y cuando se contempla desde este punto de vista, no hay la menor duda de que el cielo estrellado tiene una influencia moral muy importante sobre la mente humana.

FRIEDRICH WILHELM HEINRICH ALEXANDER VON HUMBOLDT
[1769-1859]
"The Sphere and Duties of Government or The Limits of State Action", 1850

Cuando veo tus cielos, obra de tus dedos. Si pudiéramos transportarnos más allá de la Luna y fuéramos capaces de alcanzar las estrellas más lejanas, al punto descubriríamos nuevos cielos, nuevas estrellas, nuevos soles, nuevos planetas, nuevos sistemas, quizá incluso adornados de un modo más magnífico aún que el nuestro. Pero una vez allí descubriríamos, para nuestro asombro, que los vastos dominios de nuestro gran Creador no terminan en ellos; descubriríamos que sólo habríamos llegado a los inicios, a la primera frontera de las obras de Dios. Es muy poco lo que conocemos del universo, pero lo poco que conocemos debería enseñarnos a ser humildes, y a admirar el poder y la bondad divina. ¡Qué admirables son los cuerpos celestes! ¡Estoy asombrado por su esplendor, y me deleito en su hermosura! Pero, a pesar de esto, por hermosos y ricamente adornados que sean, el firmamento carece de inteligencia. No tiene conciencia de su propia hermosura, en tanto que yo, que soy mera arcilla moldeada por la mano divina, estoy dotado de inteligencia, de razón y sentido de las cosas.

CHRISTOPHER CHRISTIAN STURM [1750-1786]
"Reflections on the Works of God in Nature and Providence:
For Every Day in the Year", 1810

Cuando veo tus cielos, obra de tus dedos. Extraer sentimientos de piedad y fe de la contemplación de las obras de la naturaleza es una de las prácticas más sanas para la mente del cristiano. Y en ello cuenta con el precedente de todos los Padres de la Iglesia, que así lo hicieron, y lo que es más, del propio Señor Jesús que exclamó: *"Considerad los lirios del campo, como crecen: no trabajan, ni hilan..."*.[67] El Maestro se extasía en la belleza de una simple flor del campo y de ella extrae un poderoso argumento para incentivar nuestra confianza en Dios; y con ello establece un principio de justo equilibrio, sentenciando que es posible combinar en un mismo corazón la más elevada piedad con el amor, el estudio y la protección de la naturaleza. El salmista hace lo mismo pero mirando hacia arriba, deja el suelo de este mundo y eleva sus ojos a la enorme expansión de la bóveda celeste que lo cubre y lo rodea. Volando sobre alas imaginarias se abre camino a través del espacio y explora sus regiones más lejanas e inconmensurables.

---

[67] Mateo 6:28.

¿Y qué ve? En lugar de vacío, negrura, silencio y soledad, ve un universo repleto de esplendor y lleno de la energía de la presencia divina. Ante sus ojos se extiende toda la inmensidad de la creación y, al contemplarla, se da cuenta de que el mundo en que habita con todo lo que en él hay y le preocupa, se le hace pequeño. Entonces se da cuenta de su insignificancia, y transportando sus pensamientos desde la magnificencia de la creación a la magnificencia de su Arquitecto, exclama: *"¿Qué es el hombre para que tengas de él memoria, y el hijo del hombre, para que lo visites?"*. No nos corresponde a nosotros dirimir hasta qué punto la inspiración divina desveló ante los ojos atónitos del salmista los misterios del universo que poco a poco va descubriendo la astronomía moderna. Pero incluso a una mente ajena por completo a todo conocimiento científico, la contemplación de los cielos, esa bóveda inmensa que rodea nuestro mundo y repleta de innumerables luces que parecen suspendidas en la nada, hace que se sienta sobrecogida e inclinada a la meditación.

THOMAS CHALMERS [1780-1847]
"Astonomical Discourses", 1817

Cuando veo tus cielos, obra de tus dedos.

«*Esta bóveda inmensa... ¿qué es en realidad?*
Valoradla adecuadamente:
Es la divinidad expresada en la naturaleza,
que inspira a todos los estudiosos de la noche.
Es la Revelación más antigua, escrita por la propia mano de Dios:
¡Auténticas Escrituras! Inalteradas por mano del hombre.»

EDWARD YOUNG [1681-1755]
"Night Thoughts on Life, Death, & Immortality", 1742

Obra de tus dedos. ¿Qué tendría en mente el salmista cuando escribió estas palabras?[68] Quizás imaginó a Dios encastando los astros en el firmamento como el bordado de un paño; o repartiendo equitativamente las constelaciones como el artesano que con sus dedos teje los dibujos de un tapiz.[69]

JOHN TRAPP [1601-1669]
"A commentary or exposition upon the books of Ezra, Nehemiah, Esther, Job and Psalms", 1657

---

[68] AGUSTÍN DE HIPONA [353-429] nos dice que dado que la Ley fue escrita *"con el dedo de Dios"* (Éxodo 31:18) y transmitida por Moisés como su fiel servidor, como así reconocieron los hechiceros egipcios (Éxodo 8:19), muchos entienden en esta expresión, *"obra de tus dedos"*, una alusión al Espíritu Santo; y en consecuencia a los autores y escritores sagrados por cuyo conducto fueron redactadas las divinas Escrituras. En este caso por *"los cielos obra de tus dedos"* entenderíamos las Escrituras del Antiguo y Nuevo Testamento, que *"se enrollarán como un libro"* (Isaías 34:4). Así cuando el salmista exclama: *"Cuando contemplo tus cielos, obra de tus dedos"* estaría diciendo: «cuando leo y descifro tus Escrituras, que como obra del Espíritu Santo me han llegado escritas por tus servidores». JUAN CRISÓSTOMO [347-407] comentando este texto se pregunta «¿Por qué no dice *"tus manos"* en lugar de *"tus dedos"* ?»: para demostrarnos que para Dios la creación de las cosas visibles, como puedan ser las estrellas que cuelgan del firmamento sin que nada las sostenga, por impresionantes que a nosotros puedan parecernos, no requirió más que una parte ínfima, muy limitada de su inmenso poder».

[69] Sea cual sea la posición del lector respecto al debate actual entre creacionismo y diseño inteligente, lo que está fuera de todo cuestionamiento con la expresión *"obra de tus dedos"* es que el salmista entendía la creación como un trabajo directo de artesanía, en el que el artesano cuida personalmente de cada uno de los detalles. Y así lo entendieron también los rabinos y comentaristas judíos: ABEN-EZRA [1092-1167] en un antropomorfismo extremo

La luna y las estrellas que tú formaste. ¿Por qué habla de la luna y las estrellas y omite mencionar al Sol, el astro rey, cuya luz ilumina todas las cosas y hace visible a la propia Luna? Probablemente David hizo esta meditación de noche, cuando el sol se había perdido ya tras la línea del horizonte, dejando que las lumbreras menores esparcieran sus puntos de luz a lo largo de toda la bóveda celeste en un escenario impresionante. La noche fue creada para que el hombre descanse, pero cuando, como le sucedía al salmista, me resulta imposible conciliar el sueño, me ocupo como hacía él meditando con buenos pensamientos. No con intención de utilizarlos cual una suerte de opio que conduzca mi corrupta naturaleza al sueño, sino para erradicar de mi mente los malos pensamientos, que de lo contrario se apoderarían de mi alma.

THOMAS FULLER [1608-1661]
"The Cause and Cure of a Wounded Conscience", 1647

Las estrellas. Cuando levantáis los ojos para mirar a las estrellas, ¿no os da la sensación como si ellas desde la inmensidad majestuosa del espacio os estuvieran también mirando con lástima? ¿No os parecen ojos que brillan llenos de lágrimas celestiales al contemplar una cosa tan insignificante como es el ser humano?

THOMAS CARLYLE [1795-1881]
"Sartor Resartus", 1833

Vers. 3-4. Lo que hace el salmista es sacar conclusiones espirituales de la observación de objetos materiales.

---

explicaba que Dios modeló las diez esferas celestes, cada una de ellas con un dedo distinto. Ver Salmo 28:5; 92:4; 102:25; 143:5.

David contempla los cielos y prorrumpe en un ejercicio de propia humildad, sumado a un impulso de admiración y exaltación de Dios. Recabar información de la naturaleza y alabar a nuestro Hacedor por todo aquello que vemos y descubrimos en ella, es, hasta cierto punto, un ejercicio de restauración de nuestro estado de inocencia, ya que esta era en realidad la tarea de Adán en el paraíso. Eso no quiere decir que debas poner tu confianza en ningún objeto creado; no, simplemente sírvete de él cual el *virtuoso* de su instrumento. Como cristiano, debes llamar siempre a la fe a participar del banquete, y sacar siempre de la observación e investigación de la naturaleza un provecho espiritual. No hay una sola cosa creada que podamos contemplar con nuestros ojos, que aparte de mostrarnos el poder y la sabiduría del Creador no nos aporte un beneficio moral y nos señale algo que aprender de ella. Así pues: aprendamos de la oveja paciencia; de la paloma inocencia; que la laboriosidad de la hormiga nos haga enrojecer por nuestra desidia; y que el pánfilo buey y el asno torpe corrijan nuestra ingratitud y nuestra ignorancia... Quien tiene los ojos bien abiertos, no tiene necesidad de instructor, a menos que carezca de corazón.

STEPHEN CHARNOCK [1628-1680]
"The Sinfulness and Cure of Thoughts", 1667

Cuando veo tus cielos, obra de tus dedos, la luna y las estrellas que tú formaste.

*Señor mi Dios, al contemplar los cielos
el firmamento y las estrellas mil;
al oír tu voz en los potentes truenos
y ver brillar el sol en su cenit;*

al recorrer los montes y los valles
y ver bellas las flores al pasar;
al escuchar el canto de las aves
y el murmurar del claro manantial;

cuando recuerdo del amor divino
que desde el cielo al salvador envió;
aquel Jesús que por salvarme vino,
en una cruz sufrió y por mí murió;

cuando el Señor me llame a su presencia
al dulce hogar, al cielo de esplendor,
le adoraré cantando la grandeza
de su poder y su infinito amor;

// mi corazón entona la canción:
Cuán grande es Él, Cuán grande es Él;
Mi corazón entona la canción:
Cuán grande es Él... Cuán grande y fiel. //

HIMNO EVANGÉLICO
escrito originalmente en sueco por CARL BOBERG, 1885

Vers. 4. Digo: *¿Qué es el hombre, para que tengas de él memoria, y el hijo del hombre, para que lo visites?* *[Digo: ¿Qué es el hombre, para que de él te acuerdes, y el hijo del hombre, para que cuides de él? RVR] [Me pregunto: «¿Qué es el hombre, para que en él pienses? ¿Qué es el ser humano, para que lo tomes en cuenta?» NVI] [Digo: ¿Qué es el hombre para que de él te acuerdes, y el hijo del hombre para que lo cuides? LBLA]*

¿Qué es el hombre para que tengas de él memoria? Mis lectores deben prestar especial atención a fin de no

perder de vista el propósito del salmista, que no es otro que el de realzar a través de esta comparación la bondad infinita de Dios. Porque ciertamente, es algo extraordinario y maravilloso que el Creador de los cielos, cuya gloria excede todo lo imaginable, lleve su condescendencia hasta el punto de ocuparse personalmente de la raza humana. La intención del salmista es precisamente resaltar este contraste, eso es algo que inferimos del uso de la palabra hebrea אֱנוֹשׁ *'ĕnôsh* que nuestras biblias traducen por *"hombre"*, pero cuyo significado va más allá, pues expresa la fragilidad del hombre más que la fuerza o poder que posea. Casi todos los intérpretes traducen el verbo תִּפְקְדֶנּוּ *tipqədennū* de פָּקַד *pâqad,* última palabra del versículo, como *"visites"*, y no quiero contradecirlos, pues es cierto que expresa una idea y sentido que encaja perfectamente en el texto; pero como también significa *"recordar"*, y como en los salmos es frecuente la repetición del mismo concepto con diferentes palabras, también en este caso se podría traducir por *"recordar"*; en cuyo caso lo que David estaría diciendo es más o menos esto: *«¿No es maravilloso que Dios piense en el hombre, y se acuerde constantemente de él?».*

JUAN CALVINO [1509-1564]

¿Qué es el hombre? ¡Dios mío... qué propietario tan insignificante creaste para que señoreara sobre universo tan inmenso![70] El más diminuto grano de arena en relación al hombre no es ni de lejos lo infinitamente pequeño como es el hombre en relación al universo. Cuando veo los cielos, el sol, la luna, las estrellas... ¡Dios mío! ¿Qué es el hombre? ¡Quién puede llegar a concebir que crearas

---

[70] Génesis 1:26.

todas las demás criaturas y cosas, algunas de ellas tan inmensas para beneficio y recreo de una sola: del hombre! Y
no obstante, el hombre es el único ser en la creación que
puede razonar y tener conciencia de lo que tú has creado;
fuera de él, nada puede admirarte y adorarte en lo que contempla. ¡Cuánto más, por tanto, no debería hacerlo, ya que
es el único que puede hacerlo! Ciertamente, el valor de
las cosas no guarda relación con su tamaño; un pequeño
diamante vale infinitamente más que toneladas de piedra;
una sola piedra imán tiene mayor virtud magnética que
montañas de roca. Es justo, por tanto, que te alabemos en
base nuestro valor, ya que la creación entera no encierra
mayor valor que uno solo de nosotros: a las demás criaturas las hiciste con un simple mandato; al hombre, tras una
consulta divina;[71] a las demás criaturas las creaste instan-
táneamente, al hombre lo moldeaste, le diste forma y le
soplaste aliento de vida;[72] a las demás criaturas les diste
múltiples formas, al hombre lo hiciste a tu propia imagen
y semejanza;[73] a las demás criaturas las creaste para servir;
al hombre, para dominar.[74] Al hombre le pusiste nombre
Tú; a las demás criaturas les puso nombre el hombre.[75]
¿No deberíamos estar más entregados y consagrados a ti
que todo el resto de la creación, puesto que nos has otorgado mayores privilegios que a todas las demás criaturas?

JOSEPH HALL [1574-1656]
Obispo de Norwich
*"Contemplations on the Historical Passages
of the Old and New Testament"*, 1770

---

[71] Génesis 1:26.
[72] Génesis 2:7.
[73] Génesis 1:27.
[74] Génesis 1:28.
[75] Génesis 2:19.

¿Qué es el hombre, para que tengas de él memoria, y el hijo del hombre, para que lo visites? En el libro de Job leemos algo similar: *"¿Qué es el hombre para que lo engrandezcas, y para que pongas sobre él tu corazón y lo visites todas las mañanas?"*[76]. El hombre, cegado por el orgullo, no ve en esto nada de extraordinario; pero el alma piadosa se queda asombrada: *"Porque así dijo el Alto y Sublime, el que habita la eternidad, y cuyo nombre es el Santo: Yo habito en la altura y la santidad, y con el quebrantado y humilde de espíritu, para hacer vivir el espíritu de los humildes, y para vivificar el corazón de los quebrantados".*[77] ¡Ay! –se pregunta el alma humilde– ¿será posible que el Señor se moleste en pensar en un vil gusano como yo? ¿Que quiera tener relación con un miserable pecador? ¿Querrá abrirme sus brazos, su seno y su corazón? ¿Puede una criatura tan despreciable como yo alcanzar favor ante sus ojos? En el libro Ezequiel[78] tenemos un ejemplo de la maravillosa condescendencia de Dios con el hombre, al que se compara con un recién nacido de origen despreciable, abandonado desde el instante mismo de su nacimiento, aún con el cordón umbilical sin cortar, todavía envuelto en sangre y suciedad, sin lavar, sin envolver siquiera en pañales, de quien no se compadece nadie; criaturas así de lastimosas es lo que éramos delante de Dios; y, con todo, cuando él pasó y nos vio envueltos en nuestra propia sangre, nos dijo: *"Vive"*. Porque para él, era *"tiempo de amores"*[79]. ¿Y qué otro amor puede haber más grande que este que Dios tome a un ser sucio e indigno y extienda su manto sobre él, y

---

[76] Job 7:17-18.
[77] Isaías 57:15.
[78] Ezequiel 16:1-5.
[79] Ezequiel 16:8.

cubra su desnudez, y le haga juramento y entre en pacto con él y lo haga suyo? ¿Esto es amor insondable, es amor inconcebible, la expresión máxima del amor; así es el amor de Dios, porque Dios es amor[80]. ¡Oh, la profundidad de las riquezas de la gracia y bondad de Dios![81] ¿Cómo reaccionamos? ¿Cómo nos sentimos ante la descripción maravillosa de semejante amor? ¿Acaso no nos sentimos arrebatados de admiración? ¿Perdidos en medio de un océano inmenso de bondad del cual no distinguimos orilla ni percibimos fondo? Deberíamos examinarnos y juzgarnos a nosotros mismos en base a las emociones y sentimientos que este amor maravilloso despierta en cada uno de nosotros. Porque así es como Cristo valoró la fe del centurión que le dijo: *"Señor, no soy digno de que entres bajo mi techo... y al oírlo Jesús se maravilló* y dijo a los que le seguían: *De cierto os digo que ni aun en Israel he hallado tanta fe"*[82] Y si os dais cuenta de que vuestra alma no se siente admirada, tocada en su fibra más íntima ante la condescendencia de Dios, entonces debéis preguntarle: ¿Qué enfermedad padeces, oh alma mía, que no te sientes movida ante la bondad de Dios? ¿Acaso estás muerta y eres incapaz de sentir? ¿O ciega incapaz de verte a ti misma como el objeto de tan asombrosa bondad? ¡Contempla al Rey de Gloria, descendiendo de sus moradas de celestial majestad para visitarnos! ¿No oyes su voz diciendo: Ábreme la puerta, hermana, hermano, porque *"he aquí yo estoy a la puerta y llamo"?*[83] ¿No escuchas la voz que clama *"Alzad, oh puertas, vuestras cabezas, y alzaos vosotras, puertas eternas, para que pueda entrar*

---

[80] 1ª Juan 4:8.
[81] Romanos 11:33.
[82] Mateo 8:8-10.
[83] Apocalipsis 3:20.

el Rey de Gloria"?[84] Contempla, oh alma mía, como él espera, y sigue ahí, mientras tú rechazas abrirle la puerta. ¡Oh, maravilla de su bondad! ¡Oh, la condescendencia insondable de su amor que hace que se digne a visitarme, rogarme y a esperar para poder entablar amistad conmigo! ¿No es esto suficiente para conmover vuestras almas y dejarlas atónitas de admiración ante semejante amor de Dios?

JAMES JANEWAY [1636-1674]
"Heaven upon Earth; or the Best Friend
in the Worst Times", 1670

El hombre. En hebreo אֱנוֹשׁ *'ĕnōwōš* en un sentido de hombre mortal, débil, enfermo y miserable, por lo que se hace evidente que el salmista no está hablando del hombre en el estado de inocencia en que fue creado, sino del hombre caído en su estado mortal de pecado y miseria.

Para que tengas de él memoria. Es decir, para que te preocupes y tengas cuidado de él otorgándole tantos favores como le otorgas día tras día.

¿Y el hijo del hombre? En hebreo וּבֶן־אָדָם *ūḇen- 'ā·ḏām* *"el hijo de Adán",* hijo pecador de un padre pecador, hijo rebelde de un padre rebelde que se rebeló contra Dios; y su hijo, por naturaleza, no es menos rebelde que su progenitor, lo que contribuye a magnificar la misericordia divina.

Para que le visites[85]. No una visita iracunda, una visita para castigar como ocasionalmente suele utilizarse el verbo hebreo פָּקַד *pâqad,* sino una visita con bondad y

---

[84] Salmo 27:4.
[85] En hebreo כִּי תִפְקְדֶנּוּ *kî-ṯip̄qəḏennū.*

misericordia, tal como vemos que la palabra se utiliza en Génesis 21:1; Éxodo 4:31; Salmos 65:9; 106:4; 144:3.

C. H. Spurgeon[86]

¿Qué es el hombre? La Escritura aporta numerosas respuestas a esta pregunta. Preguntemos al profeta Isaías: *"¿Qué es el hombre?"*, y veremos que nos contesta: *"El hombre es hierba. Toda carne es hierba, y toda su gloria como flor del campo"*[87]; preguntemos a David: *"¿Qué es el hombre?»* y nos contesta: *«el hombre es una mentira"*[88], no sólo es un mentiroso y un engañador, sino todo él *"una mentira"* y un engaño. Todas las respuestas que el Espíritu Santo nos ofrece respecto a: *"¿Qué es el hombre?"* van encaminadas minimizarle y humillarle. El hombre es propenso a enaltecerse y engrandecerse a sí mismo a la par que adular a sus semejantes, pero Dios, cual espejo fidedigno nos dice la realidad de lo que somos. La maravilla está en que considerando la distancia que hay entre Dios y el hombre, siendo que el hombre es un ser creado y Dios es el Creador, Dios tenga a bien otorgar a una criatura tan insignificante algún tipo de don. *¿Qué es el hombre para que Dios tenga memoria de él?* ¿Acaso es algo más que un terrón de tierra, un pedazo de barro? Pero es que por si acaso el no ser nada no fuera suficiente, además es una criatura rebelde y pecaminosa. ¿Es posible que Dios engrandezca a una criatura rebelde y pecaminosa? ¿Acaso Dios se inclina por sus enemigos y engrandece a los que se oponen a él? ¿Exalta el príncipe al traidor y rinde honores

---

[86] El autor de este comentario no figura en el texto original, aunque entendemos que es probable que se trate del propio Spurgeon.
[87] Isaías 40:6.
[88] Salmo 62:9.

al que atenta contra su vida? La naturaleza pecaminosa del hombre es enemiga de la naturaleza de Dios y, si le fuera posible, quisiera derribar a Dios del cielo; y con todo, a pesar de ello, Dios, eleva al hombre al cielo; el pecado quisiera minimizar y empequeñecer la grandeza Dios, y, a pesar de ello, Dios engrandece al hombre pecador.

JOSEPH CARYL [1602-1673]

¿Qué es el hombre? ¡Qué criatura tan contradictoria es el hombre! ¡Oh la infinitud de la grandeza y la infinitud de la pequeñez, de la excelencia y de la corrupción, de la majestad y de la bajeza del hombre![89]

BLAS PASCAL [1623-1662]
"Pensées sur la religion et autres sujets", 1669

Para que le visites. El verbo hebreo פָּקַד *pâqad "visitar"*, en la Escritura va ligado de manera primordial a la idea de castigo, aflicción, exclusión. Los más severos juicios divinos van relacionados con el concepto de visitación: *"Que visita la maldad de los padres sobre los hijos",*[90] esto es, para castigarles. *"Jehová visitará*

---

[89] En este sentido, los *"pensamientos"* de Pascal sobre la desproporción del hombre son numerosos y todos ellos dignos de mención. Valga como ejemplo otro de los más citados y conocidos: «El hombre no es más que una caña, lo más frágil de la naturaleza, pero es una caña pensante. No es preciso que el universo entero se arme para destruirla; un simple vapor, una gota de agua es suficiente para acabar con él. Pero aun cuando el universo lo aplastara, el hombre seguiría siendo más grande y noble que aquello que lo mata, puesto que él sabe que muere y el universo que le da muerte no sabe nada».

[90] Éxodo 24:7.

con su espada".[91] *"Visitaré con vara su rebelión".*[92] Sin embargo, ocasionalmente puede adquirir también un sentido positivo que implica misericordia, aportar dádivas y bendecir: *"El Señor visitó a Sara..."*[93]; *"Jehová había visitado a su pueblo para darles pan"*[94]. El caso más evidente en este sentido es el de Lucas: *"Que ha visitado y redimido a su pueblo"*[95]. Así, las misericordias de Dios son *"visitaciones"*; cuando Dios viene a nosotros en amor y buena voluntad, decimos que nos ha visitado. Y estas misericordias se denominan visitaciones por tres motivos:

1. Porque cuando Dios viene a nosotros, viene para hacernos bien, y dice que *se acerca a nosotros;* la misericordia divina es un acercamiento al alma, una aproximación a un lugar concreto. Por el contrario, cuando Dios manda un juicio, o aflige a una persona o a un pueblo, se dice que lo *abandona,* se va de ese lugar; por tanto, cuando nos hace un bien, se aproxima, se acerca a nosotros, *nos visita.*

2. En segundo lugar, porque las visitaciones de Dios son un acto de su *libre voluntad.* Visitar es una de las acciones más libres en el mundo; en la decisión de visitar no hay más obligación que la buena voluntad o el amor que nos impulsa hacerlo: voy a visitar a tal o cual persona porque es mi amigo. De ahí que a la más grande de las acciones de la gracia libre y soberana de Dios, la redención del mundo, se la llame visitación, porque fue llevada a cabo voluntariamente y en plena libertad, como cuando uno va libremente a visitar a un amigo; y todavía con muchísima más libertad que esto, pues fue una acción libre de un Dios

---

[91] Isaías 27:1.
[92] Salmo 89:31.
[93] Génesis 21:1-2.
[94] Rut 1:6.
[95] Lucas 1:68.

Soberano. No había por parte de Dios obligación alguna; ni tampoco derecho alguno por parte del hombre, más bien todo lo contrario: dureza y negligencia; Dios vino a redimir al hombre libremente, movido únicamente por amor.

3. En tercer lugar, *visitar* es una acción que implica cuidado e inspección, tutela y dirección. El oficio del pastor sobre su rebaño se describe en la Escritura a través de esta acción de visitar: *"Jehová de los ejércitos visitará su rebaño, la casa de Judá, y los pondrá como su caballo de honor en la guerra"*[96]; *"Volvamos a visitar a los hermanos en todas las ciudades en que hemos anunciado la palabra del Señor, para ver cómo están"*[97]; y asimismo el cuidado que debemos a los huérfanos y a las viudas se expresa en el hecho de *visitarlos: "La religión pura y sin mácula delante de Dios el Padre* –nos dice el apóstol Santiago– *es esta Visitar a los huérfanos y a las viudas en sus tribulaciones"*[98]; Cristo pronuncia una bendición especial para aquellos que en la cárcel lo *visitaron*[99], y se sobreentiende que no se trata de una mera mirada entre los barrotes o de la pregunta "¿Cómo estás?", sino que cuidaron de él estando en la cárcel, proporcionándole ayuda y provisiones. Entendido de esta manera, las palabras del salmista adquieren todo su sentido, como lo expresa el sabio Job: *"¿Qué es el hombre, para que lo engrandezcas, y para que pongas sobre él tu corazón, y lo visites todas las mañanas?"*[100].

JOSEPH CARYL [1602-1673]

---

[96] Zacarías 10:3.
[97] Hechos 15:36.
[98] Santiago 1:27.
[99] Mateo 25:34.
[100] Job 7:17-18.

Vers. 5. *Le has hecho poco menor que los ángeles, y lo coronaste de gloria y de honra. [Le has hecho poco inferior a los ángeles, y lo coronaste de gloria y de honra. RVR] [Pues lo hiciste poco menos que un dios, y lo coronaste de gloria y de honra. NVI] [¡Sin embargo, lo has hecho un poco menor que los ángeles, y lo coronas de gloria y majestad! LBLA]*

Le has hecho poco menor que los ángeles,[101] *y lo coronaste de gloria y de honra.* Un poco menor en naturaleza, puesto que ellos son inmortales; pero sólo un poco, porque el tiempo en este mundo es corto; y cuando este haya transcurrido velozmente, los santos ya no serán inferiores a los ángeles. Por ello una nota marginal en lugar de: *"un poco menor que..."*, dice: *"temporalmente inferior a..."*.

Lo coronaste. El dominio o potestad que Dios ha otorgado al hombre significa para él un honor y gloria extraordinarios; pues aunque todo dominio o potestad implica de por sí honor, el más alto honor corresponde a quien ciñe la corona. El salmista relaciona a continuación a todas las criaturas creadas y subyugadas, con intención de mostrar que el dominio perdido por el hombre a causa del pecado

---

[101] En hebreo וַתְּחַסְּרֵהוּ מְּעַט מֵאֱלֹהִים *wattəhassərêhū mə'aṭ-mê'ĕlōhîm.* El término hebreo que aquí nuestras versiones traducen como *"ángeles"* en este caso es מֵאֱלֹהִים *mê'ĕlōhîm,* y difiere de מַלְאָךְ *mal'âk* que es el término más comúnmente utilizado para identificar a los ángeles como mensajeros de Dios En otros pasajes del salterio un término similar בָּאֱלֹהִים *bā'ĕlōhîm* se traduce como *"dioses"* (Salmo 86:8); de hecho la NVI traduce *"lo hiciste poco menos que un dios".* Ello ha dado lugar a no poco debate y especulación entre los eruditos acerca de qué es lo que en realidad el salmista tenía en mente. No vamos a entrar en este debate, pero creemos importante que el lector lo tenga presente. Ver Salmo 82:1-8 y 91:11.

en el Edén nos es restaurado sin excepción en Cristo Jesús. No consintamos, pues, que la posesión de cualquier cosa creada nos sea un agobio y se nos transforme en una esclavitud; más bien tengamos presente que hemos sido creados para enseñorearnos sobre ellas, no para dejar que ellas se enseñoreen de nosotros. Por tanto, debemos mantener las cosas del mundo debajo de nuestros pies y rehuir ese espíritu superficial y contemporizador que consiente que los placeres y glorias de este mundo hagan tambalear el imperio del alma inmortal.

C. H. Spurgeon

Le has hecho poco menor que los ángeles, y lo coronaste de gloria y de honra. Puede que cuando el hombre fue creado, esta situación de inferior a los ángeles no fuera tanto en *naturaleza* como en *posición*. Evidentemente, no cabe afirmar que exista nada de rango superior a los ángeles puesto que, como el hombre, fueron creados a imagen y semejanza de Dios. Por tanto, esa superioridad que ostentaban por encima del hombre en un inicio se debía al *nivel* o *grado* de esa semejanza. Los ángeles fueron creados como seres inmortales, inteligentes, santos, poderosos, gloriosos; y es precisamente en estos atributos en los que radica la semejanza con su Creador. Pero, ¿acaso estos mismos atributos no fueron otorgados también al hombre? ¿Acaso el hombre no fue creado también inmortal, inteligente, santo, poderoso, y glorioso? Entonces, si los ángeles eran superiores no era porque tuvieran más cualidades que el hombre: ambos eran portadores de la imagen de Dios, y ambos ostentaban las características que se centran en la Deidad. Sería presuntuoso por nuestra parte intentar dirimir si esas características eran más pronunciadas en los ángeles de lo que lo eran en el hombre;

es suficiente saber que esos rasgos o características eran comunes a ambos, puesto que ambos fueron modelados según la misma imagen divina. Lo que no cabe cuestionar es que, cualquiera que fuera la posición original del hombre con respecto a los ángeles, a partir de la caída el primero pasó a ser ligeramente inferior a los ángeles. Como consecuencia de la transgresión, el hombre cayó un nivel en la escala de la creación, todos sus atributos y poderes se degradaron. Pero, a pesar de ello, los hombres conservamos aún esas características originales que, sin ser distintas a las de los ángeles, pueden ser purificadas y ampliadas hasta el punto de acercarse, por no decir restaurar, su nivel original. Cuando situamos a la raza humana en un nivel muy inferior a los ángeles en la escala de la creación, cometemos un error de cálculo. Dios hizo al hombre sólo *"poco menor que los ángeles"* y, de no haber pecado, Adán hubiera transferido incólume a su descendencia esa dote sin deteriorar, sin debilitar. La Biblia abunda en citas referentes al hecho de que los ángeles, lejos de ser por naturaleza superiores al hombre, no disfrutan de la importancia concedida a la raza humana.

Y no deja de ser un tema misterioso que haya habido un Redentor de los hombres caídos, pero no de los ángeles caídos. Sin ahondar mucho en esta verdad tan pavorosa, nos preguntamos si la ausencia de intervención en favor de los ángeles cuando sí la hubo en favor de la raza humana nos da base suficiente para concluir que el lugar que ocupan los hombres en el amor y la solicitud de su Hacedor no es inferior al que ocupan los ángeles. Además, ¿no son los ángeles espíritus ministradores enviados a ministrar a los herederos de salvación?[102] ¿Y cuál es la idea que transmite semejante afirmación? La de que aquellos que

---

[102] Hebreos 1:14.

tienen el viento bajo sus alas[103] y brillan como llama de fuego[104] se sienten deleitados y contentos de poder honrar y servir a los creyentes, esos hijos de Dios que van marchando hacia su espléndido trono. ¿No se dice también que el arrepentimiento de un solo pecador llena de gozo a toda una legión de ángeles?[105] ¿Y no es ese interés tan especial entre las jerarquías de los cielos suficiente para probar el lugar privilegiado e inmenso que al hombre le corresponde en la escala de la existencia? Podemos añadir, además, que los ángeles *aprenden* de los hombres, en tanto que Pablo escribe a los Efesios que: *"la multiforme sabiduría de Dios sea ahora dada a conocer por medio de la iglesia a los principados y potestades en los lugares celestiales"*[106]. Y si a ello añadimos que en una de las visiones inefables con las que fue favorecido, el evangelista Juan contempló a los componentes de la iglesia situados inmediatamente detrás del trono eterno, mientras los ángeles permanecían de pie a cierta distancia apiñados formando el círculo externo[107], podemos concluir que no hay razón para considerar al hombre como inferior a los ángeles por ley natural; puesto que a pesar de que el hombre cayera y se degradara, excluyéndose a sí mismo de su posición de eminencia, empañando el barniz y minando la fortaleza de su estado primitivo, todavía puede alcanzar la elevación suma. Para ello no necesita más que ser restaurado a su posición original, recuperando así los derechos perdidos y el espacio apropiado para el desarrollo de sus

---

[103] Zacarías 5:9.
[104] Hebreos 1:7.
[105] Lucas 15:10.
[106] Efesios 3:10.
[107] Apocalipsis 4:4,11.

poderes, y con ello situarse como el ser más ilustre y brillante de la creación, aliento e imagen de la divinidad.

Al Redentor se lo representa sometiéndose a humillación: *"hecho un poco inferior a los ángeles"*, pues la recompensa de sus sufrimientos era la visión de la gloria. Esta representación es muy importante y deberíamos prestarle la máxima atención, ya que da un argumento claro y sólido en favor de la divinidad de Cristo.

El grado de humillación en cualquier criatura, fuera cual fuera la dignidad de su condición, al asumir el oficio de Mediador y obrar nuestra reconciliación es imposible de concebir. No olvidemos que ese Mediador debía reducirse a un nivel extremo de degradación, sufrimiento e ignominia para conseguir nuestra redención; pero no olvidemos tampoco la inconmensurable exaltación con la que este Mediador sería recompensado posteriormente, situándose, según la Escritura, muy por encima de los más altos principados y potestades; sin la perspectiva de tal recompensa, la humildad y condescendencia de la criatura que hubiera consentido en aceptar este oficio no sería cuantificable. Sin embargo, un ser consciente de recibir como recompensa la exaltación *eterna hasta el infinito* por hacer algo *concreto temporal y limitado*, difícilmente puede ser alabado por la grandeza de su humildad en hacerlo. Un noble que accediera a convertirse en esclavo, sabiendo de antemano que como resultado sería hecho rey, no es un modelo de condescendencia. La verdadera humildad sería la del rey que accede a hacerse esclavo sin esperar una recompensa o ascenso. Por tanto, es evidente que, aparte del propio Ser divino, no podemos pensar en ninguna criatura que pudiera haber aportado este modelo de condescendencia al convertirse en nuestro Redentor. Pues el propio Ser divino era el único que, si bien no podía despojarse y abandonar sus perfecciones, sí podía despojarse y abandonar su gloria divina: sin dejar de ser Dios podía rebajarse y tomar la apariencia humana; y aquí precisamente creemos que radica la humillación de Cristo, aquí precisamente, en este vaciarse a sí mismo, que la Escritura identifica con que nuestro Señor fue hecho *"poco menor que los ángeles"*. En lugar de manifestarse en forma de Dios, y con ello centrar en sí mismo el deleite y respeto reverencial de todos los órdenes de inteligencia no caídos, tuvo que ocultarse bajo la forma de siervo, renunciando así al tributo de homenaje que fluye hacia él de cada rincón de su ilimitado imperio creado por su poder y sustentado por su providencia, y del que había disfrutado desde el principio. Sus atributos divinos forman parte de su naturaleza divina, y no podía separarse de ellos ni siquiera temporalmente, como no podía separarse de su naturaleza divina. Pero sí podía separarse de todas las manifestaciones externas de majestad y grandeza; así pues, la Deidad eligió velar todo su esplendor y encriptarse en una forma innoble en lugar de bajar a la tierra revestido de manifestaciones de supremacía que hubieran obligado al mundo a caer postrado y adorarle, de modo que cuando los hombres lo vieran no vieran en él *"atractivo para que le deseemos"*.[108] Cristo consintió en ser hecho *"poco menor que los ángeles"* y al hacerlo se vació, es decir: *"se despojó a sí mismo"* (RVR60) *"renunció a esa igualdad"* (TLA)[109], se *"anonadó"* (RVR 1909)[110] *"se rebajó voluntariamente"* (NVI), o como traduce la KJV, *King James Version*: *"se hizo a sí mismo sin fama*

---

[108] Isaías 53:2.
[109] Traducción en Lenguaje Actual, por Sociedades Bíblicas Unidas.
[110] Reina-Valera Revisada 1909.

ni reputación".[111] El Ser que era en *forma de Dios* renunció a su luz y magnificencia celestial y apareció sobre la tierra en *forma de siervo*; y puesto que toda criatura de Dios es sierva de Dios, si hubiera adoptado la forma de un ángel o de un arcángel igualmente podría decirse que tomaba forma de siervo; pero adoptó el grado más inferior en la escala de los siervos, fue *"hecho semejante a los hombres";* no al hombre en su estado original, sino al hombre caído, al hombre degradado, al hombre mortal.

HENRY MELVILL [1798-1871]
"Sermons", 1854

Vers. 5-6. Dios magnifica al hombre a través de las obras de su creación. El versículo tres nos describe lo que llevó al salmista en su estado de admiración al contemplar la bondad y magnanimidad de Dios con el hombre: *"Cuando veo tus cielos, obra de tus dedos, la luna y las estrellas que tú formaste, digo: ¿Qué es el hombre para que tengas de él memoria?"*. Dios, en su acción creadora, hace todas estas cosas para que sean de servicio y utilidad para el bien del hombre. Pero... ¿qué es el hombre para que tenga un sol, una luna, unas estrellas puestas en el firmamento para él? ¿Qué clase de criatura tan especial es esta? Cuando vemos que en algún lugar se realizan grandes preparativos, se hace acopio de provisiones, y se adorna la casa con los mejores muebles y los más ricos complementos, nos preguntamos: ¿Qué visitante tan especial es el que se espera en esa casa? Así, cuando contemplamos la belleza que adorna por doquier el mundo en que vivimos y el universo por donde este transita, tenemos razón para sentirnos admirados y preguntarnos: ¿Quién es el hombre, habitante o inquilino de tan hermosa

---

[111] Filipenses 2:7.

casa? El salmista nos lo explica un poco más adelante, en los versículos cinco y seis: el hombre es exaltado porque es poseedor de una característica muy especial: lleva el sello de la imagen de Dios, fue creado a su semejanza. Por ello, Dios lo ha hecho señor sobre las obras de sus manos y lo ha puesto todo bajo sus pies. El hombre ocupa un lugar privilegiado en la creación. Pero la pregunta persiste: ¿Qué es el hombre para que Dios le haya dado el dominio sobre todas las cosas creadas?, ¿para constituirse en señor sobre los peces del mar, las bestias del campo y las aves de los cielos? Dios lo situó en el primer lugar después de los ángeles: *"Le has hecho poco menos que los ángeles"*. La exaltación del hombre parte del hecho de haber sido creado como un ser especial, y razón por la que las demás cosas fueron creadas para él y puestas bajo su dominio. Aunque es necesario aclarar que esto era aplicable al hombre en su estado original, creado a imagen de Dios, antes de su caída; después de la transgresión del hombre se aplica únicamente a Cristo, como hace el apóstol[112], y a través de él a todos aquellos que han sido restaurados en su dignidad por la obra de redención, que es el siguiente paso de la exaltación del hombre.

JOSEPH CARYL [1602-1673]

Vers. 5-8. Es posible que estos versículos se refieran a la posición del hombre entre las criaturas creadas antes de su caída; pero como sea que el apóstol Pablo las aplica al hombre representado en la persona de Nuestro Señor Jesucristo,[113] nos inclinamos por dar más peso a este último significado. En orden de dignidad, el hombre estaba justo

---

[112] Hebreos 2:6.
[113] Hebreos 2:5-8.

por debajo de los ángeles, tan sólo un poco inferior a ellos; en el caso del Señor Jesús esto se cumplió también, puesto que fue hecho inferior a los ángeles por el hecho de gustar la muerte. En Edén, el hombre tenía pleno dominio sobre todas las criaturas, que se presentaban ante él para que les diera nombre como acto de homenaje a él en base a lo que representaba como *vice-regente* de Dios sobre ellos. Jesús, en su gloria, es ahora Señor, no sólo de todos los seres vivientes, sino también de todas las cosas creadas, y, con la excepción de Aquel que sujetó a él todas las cosas,[114] es Señor de todo y sus elegidos en él han sido elevados a un dominio aún mayor del ejercido por primer Adán, algo que será plenamente efectivo y se verá con toda claridad en la Segunda Venida de Cristo. Razón tiene el salmista, admirado ante la insignificancia y nimiedad del ser humano en comparación con la grandiosidad del universo, en preguntarse a qué aduce esta singular exaltación del hombre en la escala de los seres creados.

C. H. Spurgeon

Vers. 5-8. San Agustín, que en su comentario a este salmo se explaya en la alegoría de la palabra *Gitit* en el título del salmo en referencia a las prensas de vino; lo hace también en lo que respecta a los versículos cuatro al ocho; sobre las expresiones: *"¿qué es el hombre?"* y *"el hijo del hombre"*. Entiende, por *"el hombre"*, al hombre caído en su estado de pecado y corrupción; y por *"hijo del hombre"* al hombre regenerado por la gracia; que el salmista diferencia de *el hombre* llamándolo *hijo del hombre*, porque aunque sigue siendo hombre es distinto

---

[114] 1ª Corintios 15:27-28.

al hombre caído, ya que el cambio operado en su mente y en su vida le ha situado en un nuevo estadio; ha pasado de su antigua corrupción a una nueva existencia, ha transformado su *hombre viejo* en un *hombre nuevo*, que aunque sigue siendo carnal y miserable, va ascendiendo del cuerpo hacia la Cabeza, que es Cristo, el cual enaltecido en su gloria ha sido puesto por encima de todas las cosas, incluso los ángeles y los cielos.[115] En lo que respecta a los versículos 7 y 8, Agustín afirma que por las ovejas y los bueyes; podemos entender a hombres santificados y a los predicadores, puesto que a los creyentes a menudo se los compara con ovejas, y a los predicadores con bueyes:[116] *"No pondrás bozal al buey que trilla"*.[117] En cuanto a las bestias del campo, entiende que representan a los hombres voluptuosos, que viven a la ligera, siguiendo el camino ancho;[118] las aves de los cielos representan a los

---

[115] Efesios 1:21.

[116] Y además esta comparación la enlaza con la interpretación alegórica que hace del título del salmo referente a las *prensas de vino*: «nos lleva al recuerdo de los lagares con su vino y sus cáscaras residuales, la era con paja y grano (Mateo 13:24-30), las redes con peces buenos y malos (Mateo 13:47-50), el arca de Noé con animales puros e impuros (Génesis 7:8). Las iglesias acogen de manera circunstancial, desde ahora hasta el día del juicio final, no sólo ovejas y bueyes, es decir creyentes y ministros fieles y consagrados, sino también animales salvajes, las aves de los cielos y los peces, *todo cuanto surca las sendas de las aguas*... De todo tipo de pecadores podemos encontrar hoy en día en las iglesias en confusa mezcolanza con los creyentes fieles y consagrados. Que él actúe por tanto en ellas, separando el vino de los residuos; y nosotros, por nuestra parte, esforcémonos en ser vino, ovejas y bueyes; no cáscaras de residuo, animales salvajes, aves del cielo ni peces del mar».

[117] 1ª Corintios 9:9.

[118] En la misma línea de comparación alegórica, BASILIO DE CESAREA [326-379] en su *Homilía x* del *Hexámeron* se hace la siguiente

engreídos y orgullosos; y por los peces del mar, a aquellos que a causa de su codicia y ambición por las riquezas *"se hunden en destrucción y perdición"*;[119] taladrando las entrañas de la tierra en busca de tesoros, como los peces se sumergen hasta lo más profundo de las aguas, y atravesando los mares una y otra vez en busca de riquezas, razón por la cual –entiende Agustín– bien se les puede aplicar la expresión del salmista: *"que pasan por los senderos de la mar"*. En este sentido, las bestias del campo, las aves y los peces, tipifican a aquellas tres cosas del mundo respecto a las cuales se dice que, si alguno las ama: *"el amor del Padre no está en él"*[120]: *"Los deseos de la carne"*, esto es, sensualidad; *"los deseos de los ojos"*, esto es, codicia; a los que añade *"la vanagloria de la vida"*. Cristo fue puesto por encima de estas cosas; porque libre de pecado, ninguna de estas tres tentaciones del diablo aquí descritas prevaleció sobre él. Y todas estas criaturas descritas por el salmista, bestias del campo, aves y peces, así como las

---

reflexión: «¿Domina el hombre a toda clase de fieras? Puede que os preguntéis: ¿acaso tengo fieras en mi interior? Respondo: Sí, y muchas; no lo toméis como una ofensa. Fiera es la cólera cuando ruge dentro del corazón, más feroz que cualquier mastín. ¿Y acaso la perfidia que se guarece en el alma no es más feroz que un oso? ¿No es fiera la hipocresía? Y el que clava con saña la punzada de la injuria no es peor que un escorpión? ¿No es el codicioso un lobo depredador? ¿O el lujurioso un corcel desenfrenado? (Jeremías 5:7-8). ¡Cuántas y cuán feroces son las fieras que llevamos dentro! Y si hemos sido creados para dominar las fieras que hay en el mundo y nos rodean y amenazan desde el exterior ¿vamos a dejar que nos dominen las que llevamos en nuestro interior? ¡No! El poder que nos ha sido conferido para someter lo que hay en el mundo exterior nos capacita también para dominarnos a nosotros mismos».

[119] 1ª Timoteo 6:9.
[120] 1ª Juan 2.

ovejas y bueyes, están dentro de la iglesia; porque está escrito que en el arca entraron toda clase de animales y aves, tanto limpios como inmundos; y en la red de la que nos habla Lucas[121] había toda clase de peces, tanto buenos como malos.

JOHN MAYER [1583-1664]
"A Commentary upon the whole Old Testament", 1653

Vers. 6. *Le hiciste señorear sobre las obras de tus manos; todo lo pusiste debajo de sus pies.* *[Le hiciste señorear sobre las obras de tus manos; todo lo pusiste debajo de sus pies.* RVR] *[Lo entronizaste sobre la obra de tus manos, todo lo sometiste a su dominio.* NVI] *[Tú le haces señorear sobre las obras de tus manos; todo lo has puesto bajo sus pies.* LBLA]*

Le hiciste señorear sobre las obras de tus manos; todo lo pusiste debajo de sus pies. Por medio de la oración trata de evitar que tus pensamientos vaguen errantes, y esfuérzate en mantener la distancia con el mundo, no abusando de la soberanía que Dios te ha otorgado sobre ganancias, placeres, o cualquier otra cosa que pueda convertirse en una red o trampa. Cuando un padre o un patrono conocen bien su papel y su lugar mantienen las distancias, al objeto de que los niños, o empleados, aprendan a mantener la suya y se comporten de forma correcta, obediente y apropiada. Pero cuando un padre es demasiado blando con los hijos, o el patrono mantiene excesiva familiaridad y confianza con los sirvientes, pierde su autoridad, y

---

[121] Lucas 5:6.

aquellos que en teoría debían estar bajo su tutela o mando, acaban por perderles el respeto. La consecuencia es que cuando les mandan algo no les obedecen; y si les encomiendan un trabajo, les contestan que lo hagan ellos. Esto mismo sucede con el cristiano: todas las criaturas son sus vasallos, Dios lo ha puesto como señor de todas sus obras y colocado todo bajo sus pies, ¡siempre y cuando sepa mantener su corazón a una santa y prudencial distancia de ellas y salvaguardar su señorío sobre ellas!, evitando el error de arropar en su seno aquello que Dios le ha mandado que mantenga bajo sus pies.

WILLIAM GURNALL [1617-1679]
"Christian in complete armour, or, a treatise of the saints
war against the Devil", 1655

Todo lo pusiste bajo sus pies. Harmodio[122], noble ateniense, vástago de una ancestral y linajuda familia, le echó en cara a Ifícrates[123], brillante general, hijo de un zapatero, su humilde cuna; a lo que Ifícrates replicó: «Yo soy el comienzo de mi nobleza; tú, el fin de la tuya.", insinuando con ello que Harmodio, al no honrar debidamente su cuna

---

[122] Se refiere a HARMODIO [¿?-514 a.C.], noble ateniense que junto con su amigo y amante Aristogitón son conocidos como los dos "tiranicidas" por haber asesinado a Hiparco, uno de los gobernantes de Atenas conocidos como Pisitráditas, que ofendió a Harmodio al impedir que su hermana formara parte de las canéforas en la procesión de las fiestas a Atenea.

[123] Se refiere a IFÍCRATES [¿?- 353 a.C.], general ateniense, hijo de un zapatero, famoso por sus reformas en el ejército y sus mejoras en el armamento de la época. Entre otras cosas, incrementó la longitud de las lanzas y espadas y sustituyó las pesadas armaduras de bronce por corazas de lino, dando mucha más movilidad y agilidad a las tropas. Infligió una dura derrota a los espartanos y tomó la ciudad para los atenienses, ganando posteriormente numerosas batallas en otros frentes.

con la gloria de sus gestas y virtudes en justa correspondencia a como su cuna le había honrado a él otorgándole por nacimiento el título de noble, no era más que un cuchillo de madera colocado en una vaina vacía aparentando llenar el hueco: un fraude; en cambio él, aunque de cuna humilde, con sus logros y conquistas militares, estaba creando y fundamentando, paso a paso, su futura gloria y la de sus descendientes. Esto, traducido al terreno espiritual, nos enseña que el cristianismo no es una cuestión de linaje o historial, no se adquiere por tradición ni viene de cuna. De los cristianos de Berea, a quienes el conocimiento del Evangelio les llegó, como quien dice, por casualidad[124], se afirma que eran más nobles que los de Tesalónica. En la Ciudad de Dios, los *"nobles"* y *"burgueses"* no lo son en razón de su linaje, sino porque poseen un corazón noble; no se pavonean de sus ancestros ni de su generación sino de su regeneración, lo cual es mucho mejor; son hechos hijos de Dios, no por nacimiento, sino porque han nacido de nuevo; la Iglesia es su madre, Cristo su Hermano mayor, el Espíritu Santo su Tutor, los ángeles sus sirvientes, las demás criaturas creadas sus vasallos; el mundo su posada, y el cielo su hogar.

JOHN SPENCER [1559-1614]
"Things Old and New", 1658

Vers. 7. *Ovejas y bueyes, todo ello, y asimismo las bestias del campo. [Ovejas y bueyes, todo ello, y aun las bestias del salvajes. RVR] [Todas las ovejas, todos los bueyes, todos los animales del campo. NVI] [Ovejas y bueyes, todos ellos, y también las bestias del campo. LBLA]*

---

[124] Pablo y Silas fueron enviados de noche a Berea por los de Tesalónica como solución de emergencia para salvar sus vidas, aunque no había planes de que visitaran la ciudad. (Hechos 17:10-11).

Ovejas y bueyes, todo ello, y asimismo las bestias[125] *del campo, las aves de los cielos y los peces del mar; todo cuanto pasa por los senderos del mar.* El que gobierna sobre el mundo material, es también Señor del mundo intelectual y de la creación espiritual que este lleva implícita. En el Reino de Dios, las almas de los fieles humildes e inofensivos son las ovejas de su prado; hay también otras que son fuertes como los bueyes, y sirven para trabajar en la iglesia, se esfuerzan en exponer la Palabra de Vida, y trillan el maíz que ha de servir para alimento del pueblo[126], siempre fieles a su bondadoso y magnánimo Señor. Hay también algunos de temperamento difícil y poco tratable, rebeldes, siempre coléricos, salvajes como las bestias del campo, aunque no por ello menos sujetos a la voluntad divina. Están los espíritus angélicos, que como las aves de los cielos transitan libremente volando por las regiones superiores, siempre atentos a sus mandatos. Y finalmente los espíritus malignos, cuya habitación son las profundidades, las fosas del abismo, junto con el gran Leviatán[127], pero con todo, puestos siempre bajo los pies del Rey Mesías.

GEORGE HORNE [1730-1792]
"A Commentary on the Psalms in which Their Literal Or Historical Sense, as They Relate to King David, is Illustrated", 1825

---

[125] En hebreo בַּהֲמוֹת *bahămōwṭ* de בְּהֵמָה *behemah,* animales, ganado.
[126] 1ª Timoteo 5:18.
[127] En hebreo לִוְיָתָן *livyâthân.* Se menciona explícitamente en Job 41:1; Salmo 74:14; 104:26; y especialmente en Isaías 27:1, donde se le identifica proféticamente con la vieja serpiente, el Diablo. En Génesis 1:21 se menciona de manera implícita como הַתַּנִּינִם *hattannînim* donde se traduce por *"monstruo marino".* Algunos exégetas lo identifican también con el רַהַב *"Rahab"* del Salmo 89:10, aunque en este caso se utiliza una palabra hebrea completamente distinta.

Vers. 8. *Las aves de los cielos y los peces del mar;* *todo cuanto pasa por los senderos del mar.* *[Las aves de los cielos y los peces del mar; todo surca las sendas de las aguas. RVR] [Las aves del cielo, los peces del mar, y todo lo que surca los senderos del mar. NVI] [Las aves de los cielos y los peces del mar, cuanto atraviesa las sendas de los mares. LBLA]*

Todo cuanto pasa por los senderos del mar. Cada plato de pescado colocado sobre nuestra mesa, es un ejemplo del dominio y potestad otorgado por Dios al hombre sobre las cosas por él creadas; y a la vez, una razón para recordar la sujeción que debemos a nuestro Señor, que es quien ejerce la potestad y dominio sobre nosotros.

ANÓNIMO

Vers. 9. *¡Oh Jehová, Señor nuestro, cuán grande es* *tu nombre en toda la tierra! [¡Oh Jehová, Señor nuestro, cuán grande es tu nombre en toda la tierra! RVR] [Oh Señor, soberano nuestro, ¡qué imponente es tu nombre en toda la tierra! NVI] [¡Oh Señor, Señor nuestro, cuán glorioso es tu nombre en toda la tierra! LBLA]*

¡Oh Jehová, Señor nuestro, cuán grande es tu nombre en toda la tierra! Aquí, como buen compositor, el poeta regresa a la nota original, a la melodía clave con la que ha iniciado el salmo y se sumerge de nuevo en su éxtasis preliminar de admiración y adoración.[128] Lo que había

---

[128] FRANZ JULIUS DELITZSCH [1813-1890] en su comentario a los salmos también destaca esto como algo importante a tener en cuenta, señalando que esta repetición confiere a la conclusión del salmo

exclamado como una proposición supuesta en el versículo primero, lo repite ahora como conclusión demostrada en el versículo nueve, una afirmación del *quod erat demostrandum*[129], esto es, lo que pretendía probar ha quedado probado. ¡Que Dios nos conceda la gracia de andar dignamente, y con ello engrandecer su nombre, que como criaturas suyas, obra de su mano, estamos comprometidos a honrar y magnificar!

C. H. SPURGEON

---

un valor añadido muy importante, puesto que aporta un sentido distinto.

[129] Frase latina que significa «Lo que se quería demostrar ha sido demostrado» y que con frecuencia se abrevia con las siglas Q.E.D. Parte de una frase griega con el mismo significado ἔδει δεῖξαι, y era usada con frecuencia por los antiguos matemáticos como Euclides y Arquímedes que la colocaban al final de sus demostraciones.

COLECCIÓN LOS SALMOS

Salmo 1

La Integridad. Salmo Prefacio

Salmo 8

El Nombre. Salmo del astrónomo

Salmo 19

La Creación. Salmo de la creación

Salmo 23

El Pastor. Salmo del pastor

Salmo 27

La Confianza. Confianza triunfante y suplicante

Salmo 32

El Perdón. Salmo Paulino

Salmo 37

La Impaciencia. Antídoto contra la impaciencia

Salmo 51

El arrepentimiento. Salmo del penitente

Salmo 84

La Alabanza. La perla de los Salmos

Salmo 90

El Tiempo. De generación en generación

Salmo 91

La Protección. El abrigo del altísimo

Salmo 100 y 117

*La Gratitud. Con una sola voz toda la
Tierra y el Salmo más corto*

Salmo 121

El Guardián. El guardián de Israel